# Elogios

El dinero no es fácil. El matrimonio no es fácil. Y cuando se combinan los dos, el caos es a menudo el resultado. *Su dinero, su matrimonio* aclarará el caos, lo pondrá en la misma línea que su cónyuge, y lo más importante, mejorará su relación. Brian y Cherie Lowe hacen un gran trabajo al ser vulnerables y transparentes, a la vez proporcionándole un mapa de tesoros para un matrimonio exitoso.

Peter Dunn, Pete el Planificador,
experto en finanzas personales, columnista de *USA Today*,
personalidad de radio y televisión

Estados Unidos se encuentra en un período de oscuridad sin precedentes durante el cual muchas parejas casadas luchan por sobrevivir. En ese momento, no puedo pensar en un libro más necesario que *Su dinero, su matrimonio*. Los Lowes ofrecen una combinación de principios inspiradores y herramientas prácticas en un libro magníficamente escrito. Este libro tiene el poder de salvar su matrimonio si está sufriendo o fortalecer su matrimonio si es saludable. Si anhela una intimidad más profunda y un futuro financiero seguro, lea esto ahora. Es un destello de luz en un mundo oscuro y nos llega justo en el momento oportuno.

Jonathan Merritt, escritor colaborador de *The Atlantic*
y autor de *Learning to Speak God from Scratch*

¡Invierte en su matrimonio leyendo este l
estrategias inteligentes y herramientas prác
humorística.

Margare

Hablando de la experiencia personal, ¡no hay una fuente más grande de conflicto para las parejas que el dinero! Me encanta cómo Brian y Cherie abren sus vidas para animar y capacitar a las parejas para que estén en sintonía con el dinero y mejorar su intimidad en el proceso.

Ruth Soukup, autora *best seller* del *New York Times* de *Living Well, Spending Less* y *Unstuffed*

Este libro es poderoso porque combate las áreas del matrimonio que son las más vulnerables. En las páginas de este libro se encuentran verdades increíbles y sabiduría práctica que seguramente le ayudará a transformar su matrimonio y sus finanzas en nuevos niveles de armonía.

Talaat y Tai McNeely, fundadores de His and Her Money

# Su dinero, su matrimonio

# Su dinero, su matrimonio

## CHERIE Y BRIAN LOWE

*La misión de Editorial Vida es ser la compañía líder en satisfacer las necesidades de las personas con recursos cuyo contenido glorifique al Señor Jesucristo y promueva principios bíblicos.*

SU DINERO, SU MATRIMONIO
Edición en español publicada por
Editorial Vida - 2018
501 Nelson Place, Nashville, TN 37214, Estados Unidos de América

**©2018 por Editorial Vida**
Este título también está disponible en formato electrónico.

A menos que se indique lo contrario, todos los textos bíblicos han sido tomados de La Santa Biblia, Nueva Versión Internacional® NVI® © 1986, 1999, 2015 por Bíblica, Inc.® Usados con permiso. Todos los derechos reservados mundialmente.

Las citas bíblicas marcadas «NTV» son de la Santa Biblia, Nueva Traducción Viviente, © WTyndale House Foundation, 2010. Usada con permiso de Tyndale House Publishers, Inc., 351 Executive Dr., Carol Stream, IL 60188, Estados Unidos de América. Todos los derechos reservados.

Todas las direcciones de la Internet (páginas webs, blogs, etc.) y números de teléfono en este libro se ofrecen como recurso. No pretenden en modo alguno ser o implicar la aprobación o apoyo de parte de Editorial Vida, tampoco se hace responsable del contenido de dichos sitios y números durante la vida de este libro.

Los autores están representados por la agencia Christopher Ferebee, www. christopherferebee.com

Editora en Jefe: *Graciela Lelli*
Traducción: *Eduardo Jibaja*
Adaptación del diseño al español: *Grupo Nivel Uno, Inc.*

ISBN: 978-0-8297- 6939-5

Categoría: RELIGIÓN/Vida cristiana/Crecimiento Personal

Impreso en Estados Unidos de América
Printed in the United States of America

18 19 20 21 22 LSC 8 7 6 5 4 3 2 1

# Contenido

# Introducción

Sexo y dinero.

No podemos pensar en dos cosas que enloquezcan más a la gente o la hagan sentir más incómoda. Solo tiene que hojear la revista *People*, aventarse para cubrir los ojos de sus hijos durante el avance de una película, o incluso hallarse discutiendo por los cobros de sobregiros y los gastos de costumbre para confirmarlo.

Quizás simplemente somos masoquistas. Nuestro primer libro, *Slaying the Debt Dragon* [Matando al dragón de la deuda], compartió nuestra historia de cómo pagamos una deuda de más de 127.000 dólares. Decir sinceramente la manera exacta en que acumulamos tanta deuda y luego cómo hallamos el camino a la felicidad financiera perdurable pudo haber impactado a algunos de nuestros amigos y familiares. Para nosotros, fue catártico. El quitarse la carga y obtener la verdadera libertad fueron resultado de saber que nuestra travesía podría ayudar a otra persona que se sintiese sin esperanzas por la condición actual de sus finanzas.

En este libro estaremos llevando las cosas más a fondo y francamente hablaremos de la fuerte conexión entre el sexo y el dinero —en nuestro matrimonio y el suyo. Si usted nunca antes contempló el vínculo entre sus finanzas y la intimidad, le podemos prometer que estas se toman de la mano cada segundo del día. Solo piense en la última pelea que usted y su cónyuge tuvieron acerca del dinero. ¿Terminó en una noche bien apasionada? Mmm, sí, eso es negativo.

En una cultura plagada de divorcio, donde las principales razones para terminarlo todo involucran, así es, usted lo adivinó, sexo y dinero, ¿cómo puede una pareja siquiera orar para llegar a «hasta que la muerte nos separe» cuando las parejas realmente quieren decir «hasta que la deuda nos separe»?

Hemos aprendido, no obstante, que cuanto mejor manejemos el dinero como pareja, más nos acercaremos de otras formas también (inserte «pum, pum, chucu, chucu, pum, pum» aquí ya que evidentemente tenemos el sentido del humor de quinceañeros). Esto nos condujo a un gran sueño de incertidumbres.

¿Y si nosotros...

- explicáramos cómo las parejas pueden ponerse de acuerdo acerca del dinero?
- abriéramos una discusión sincera de cómo realmente es para los esposos y esposas hacer cuadrar el presupuesto del hogar y permanecer casados?
- ayudáramos a las parejas a vencer esa incomodidad inicial de comunicarse y manejar el dinero juntos?
- compartiéramos nuestros éxitos y errores para ayudar a otras parejas recobrar las esperanzas tanto para sus finanzas como para sus relaciones?
- habláramos de nuestras actitudes hacia los gastos, el ahorro, juegos de comparación y la esperanza por el futuro bien mezclado con la forma en que funcionan las cosas en todas las áreas del matrimonio?
- reaccionáramos en contra de una cultura que confunde el deseo con el compromiso, y la lujuria con la intimidad conyugal?

A través de nuestra propia experiencia, y por medio de la investigación, descubrimos que la manera en que usted trata su dinero se extiende a todo aspecto de su matrimonio, incluyendo la cama. Así que decidimos explorar ese mismo concepto con usted y compartir un poquito de nuestra experiencia. Lo que es mejor, estuvimos mutuamente de acuerdo con esta loca idea de hacer oír nuestras voces en este libro, para que pueda obtener opiniones e ideas sinceras de un esposo y una esposa que viven estas cosas todos los días. Estamos lejos de ser perfectos, pero siempre estamos contentos de abrir nuestras vidas si pudiera animar a una persona o enriquecer un matrimonio o cambiar una relación financiera, brindando más intimidad y una vida abundante.

Debido a este formato y estilo singular de autoría, trataremos lo mejor posible de presentar señales de tráfico a lo largo del camino. Algunas porciones del libro las escribimos juntos. Nosotros literalmente nos sentamos en el sofá uno al lado del otro, usando Google Docs, y disfrutamos inmensamente la corrección gramatical del uno y del otro y la inserción de comentarios inapropiados, que luego eliminaría la otra persona.

Partes del texto las escribió Brian, quien trae no solo su singular perspectiva como esposo, sino también más de quince años de experiencia como abogado de divorcios. Él sabe qué puede hacer que usted vaya a parar a su oficina, tratando de acabar con su matrimonio, y qué prácticas pueden proteger su relación contra el divorcio. Él también tiene un amplio conocimiento de las películas de los 80 y lucha libre profesional, ambos temas con toda certeza siempre surgen cuando explica algo. También estarán oyendo noticias de Cherie. Ella compartirá lo que ha vivido como esposa de Brian y una cantidad de historias que halló en los últimos diez años como autora de finanzas personales y escritora de blogs.

Pero el anhelo de nuestro corazón y nuestra súplica por *Su dinero, su matrimonio* realmente no tiene nada que ver con ninguno de nosotros o nuestra relación. Se trata de usted. Anhelamos que su matrimonio se fortalezca cada vez más y sea más feliz. Deseamos que usted y su cónyuge vivan una intimidad más profunda y tengan unas finanzas muy prósperas. Rogamos para que usted evite los errores que nosotros cometimos cuando se trata de dinero y el matrimonio. Y más que nada, anhelamos para que usted se dé cuenta de que siempre hay esperanza. Su matrimonio no se ha acabado; su situación económica no está desahuciada.

En cada capítulo encontrará ejercicios específicos para ayudar a que crezca esa esperanza por sus finanzas y su relación. Si usted está leyendo este libro con su cónyuge o una célula, esas preguntas y proyectos se deben realizar juntos. Si usted está solo, no se salte esas secciones. Fueron diseñadas tomándolo a usted en cuenta también. Y la práctica sencilla e intencional de evaluar sus actitudes, hábitos y experiencias será de gran uso. Tal vez aprenda una o dos cosas nuevas acerca de usted.

No podemos prometer que algunas de nuestras palabras no lo vayan a ruborizar un poquito. Pero podemos prometer que si usted se hace presente en su relación, se esfuerza en cambiar sus actitudes y hábitos cuando se trata de dinero y el matrimonio y ora como si sus vidas dependieran de ello, la intimidad florecerá como nunca antes. Y ahí es cuando la verdadera diversión empieza (inserte aquí el dibujo de un rostro guiñando el ojo).

## CAPÍTULO 1

# Historias del origen

―――――――

*En mi inicio está mi fin.*

T. S. ELIOT

Es importante dónde usted empieza.

Su primer respiro, sus primeros pasos, su pueblo natal, su primer trabajo, cuando menos lo espera, cada «primer» empieza a determinar quién va a ser usted. Usted siente más que una sensación agradable cuando considera dónde empezó. Usted cobra fuerzas a causa de sus inicios.

Abunda gran poder donde empezó su relación. Años de conflicto y el desgaste normal de la vida diaria pueden erosionar esa fabulosa fuerza. Susurros del enemigo de su alma trata de convencerle que el florecimiento de su relación ya no cuenta. Es una página de su historia, pasó al olvido y carece de importancia.

Pero los inicios *sí* tienen importancia. Hacer que sea un hábito normal contar la historia del origen de su matrimonio puede devolverle esa fabulosa fuerza. Quizás cubiertas de polvo y latentes, esas alocadas emociones de amor y atracción una vez los unió fuertemente, entretejiendo sus corazones, almas y manos. Ese mismo inicio los catapultó hacia un futuro en el que sus finanzas —y sus piernas— se entrelazan también.

Al principio, Dios creó al esposo y a la esposa, y fue hermoso. Fue muy bueno. Al principio, Dios creó su matrimonio y también fue hermoso. También fue muy bueno. Ponga el recuerdo de esa belleza, de esa bondad, delante de su mente y crea que lo que empezó como algo bueno puede ser algo fabuloso.

## La quinta casa de la derecha: Brian

«En la intersección T, usted va a doblar a la izquierda, y será la quinta casa de la derecha». Sin lugar a dudas, esas fueron las mejores direcciones que jamás haya recibido. Ja-más. Hubo una vez, antes que Cherie y yo camináramos al altar, cuando nosotros éramos dos entusiasmados jóvenes universitarios llenos de promesa y esperanza. Ella era hermosa. Yo era persistente. Ella era radiante. Yo estaba cautivado. Mucho antes que venciéramos enemigos juntos, mucho antes de nuestra guerra contra el dragón de la deuda, nosotros partimos el pan juntos, por primera vez. Esa historia empieza con la «quinta casa de la derecha».

En la noche que salimos juntos por primera vez, su apuesto protagonista (me tomo la libertad creativa) atravesé una tierra distante y desconocida. Puesto que fue un largo viaje —en serio, fue lejos— y él no conocía el terreno, su protagonista necesitaba las direcciones antes mencionadas: «Será la quinta casa de la derecha». Esas no eran casas «cercanas la una de la otra, en vecindarios bien poblados». Estas eran casas «donde usted puede bajar la velocidad a ochenta kilómetros por hora y todavía podía contarlas eficazmente». Los expertos se refieren a la distancia entre estas casas como «bastante güena». El maíz crece bien alto y los aros de baloncesto adornan los viejos graneros en esta tierra.

En la T, hay una señal que indica el cruce de dos carreteras estatales. Yo me detuve como se me dijo. En ese momento, yo no sabía que estaba recogiendo a mi futura novia. No sabía la importancia que esta señal de cruce iba a desempeñar menos de un año después. No sabía que mi vida estaba por mejorar exponencialmente. No sabía que esas fueron las últimas direcciones que realmente iban a tener importancia. Todo lo que sabía era que necesitaba doblar a la izquierda y empezar a contar: 1, 2, 3, 4, 5.

Los padres de Cherie aún viven en la quinta casa de la derecha. Yo todavía cuento esas casas. Aún siento la anticipación. Aún siento el gozo abrumador cada vez que visitamos. Hay una casa nueva en el camino que no contamos, porque los momentos, recuerdos y lugares de importancia trascienden las «matemáticas».

Las declaraciones definitorias componen la sinfonía de la vida. Todos tenemos declaraciones que han cambiado el curso de nuestras vidas. Cuando ella dijo «Sí», cuando ella dijo «Sí, lo prometo», cuando yo escuché «Es una niña» y «Aprobaste» —todas estas declaraciones cambiaron las cosas en mi vida. Para mí, sin embargo, todo lo demás que ocurrió a partir de entonces se basó en las direcciones de la quinta casa y todo lo que precedió fue un preludio de eso. Estoy eternamente agradecido por haber seguido esas direcciones. Yo voltearía a esa izquierda y me pondría a contar otra vez. Y otra vez.

Tal vez usted necesite dirección. Quizás necesite iniciar una declaración que cambie las cosas acerca de su dinero y su matrimonio. Mire a su cónyuge y diga: «Yo te apoyo, estoy contigo, yo te elijo». Comparta una visión de un mejor matrimonio, de un mejor futuro económico. Las palabras tienen poder. Use palabras que los edifiquen mutuamente. Use palabras que los dirijan hacia un mejor futuro. Use palabras para amarse mutuamente. Usted siempre está al borde de una nueva travesía, a los pies de una historia original. Como sea que esto parezca para usted, doble a la izquierda y empiece a contar.

## Cuando yo me enamoro: Cherie

Antes que Tinder o match.com, Brian y yo nos enamoramos por la Internet. Teníamos una relación a larga distancia ayudada por la Internet de acceso telefónico. Si bien mis padres vivían a solo treinta minutos de Brian, yo asistí a una pequeña universidad que quedaba a cinco horas de él. Después de un romance veraniego arrollador, yo regresé para terminar mi último año. En los viejos días, antes del wifi, si alguien levantaba el auricular del teléfono, interrumpiendo ese ruido chillón del módem, usted cortaba la comunicación. Brian y yo nos comunicábamos principalmente por correo electrónico, pero cuando finalmente mejoramos nuestras destrezas técnicas, también le dimos duro al AOL Instant Messenger. Para nuestro primer Día de San Valentín, Brian imprimió dos volúmenes grandes de todos los mensajes que nos escribimos y luego los hizo encuadernar. Aún son un tesoro, y recientemente les quité el polvo para leer el inicio de nuestra historia.

En dos breves minutos de leer nuestra historia, me di cuenta de dos cosas: (1) Brian estaba trabajando duro para hacerme caer. (2) A él le gustaba escribirme dentro del correo que yo acababa de enviarle —lo cual al principio dificulta un poquito la lectura, pero una vez que uno se acostumbra, uno puede en realidad «escuchar» la conversación.

Sin más preámbulos, el primer mensaje de correo electrónico que recibí del encantador pilluelo con quien al final me casaría:

**B:** ¿Qué hay de nuevo, Cherie?

*¿Qué romántica esta apertura? Es obvio por qué me enamoré de él de pies a cabeza. Jovencitos, tomen nota.*

**C:** Solo pensé en escribirte rapidito. Realmente no puedo creer que nos hayamos encontrado otra vez. Tan gracioso —gracioso por decir raro, no por decir ja, ja, ja.

*Nosotros realmente nos chocamos físicamente. Yo acababa de contarle a una amiga acerca de un chico con quien una vez*

*trabajé en JCPenney pero que no había visto durante años. Yo*
*entré a JCPenney y me estrellé directamente contra él. Ya ningu-*
*no de nosotros trabajaba allí, y no tengo la menor idea por qué*
*él estaba en la sección de niños. Es una historia aún más loca de*
*lo que suena.*

**B:** Así que tú piensas que soy raro, ¿eh? Solo estoy
bromeando.
*Qué tal conversador.*

**C:** Bueno, logré regresar a Wisconsin. Solo me queda una
semana y media de campamentos aquí antes de regresar
a Indiana por unos cuantos días y luego trasladarme a
Kentucky.
*No estoy segura por qué le dije en detalle mi itinerario de dos*
*semanas. Cuando estaba en la universidad, yo trabajé para*
*Salvation Army de Wisconsin durante dos vacaciones de verano.*
*Sí, yo correspondía al molde de la consejera estereotípica de*
*campamento. Mis padres vivían (y aún viven) en la zona rural*
*de Indiana, y yo me estaba preparando para mi último año*
*de universidad en Wilmore, Kentucky, justo en las afueras de*
*Lexington. Yo era literalmente «solo una chica de un pueblito,*
*viviendo en un mundo solitario».*

**B:** Entonces dame unas fechas aquí, tigre. ¿Cuándo regresas
a Indiana?
*Pensamiento inicial: \*sonrojo\* él me llamó tigre. Segundo pensa-*
*miento: no sabe leer. Acabo de decirle una semana y media.*

**C:** ¡Qué vida tan loca que llevo! Realmente no puedo creer
que solo me quede un año de universidad. Definitivamente
no puedo estar tan vieja. Y aquí estoy, tratando de decidir
qué voy a hacer el resto de mi vida.

*Ay, Cherie de veintiún añitos, eres tan linda. Dobla tu edad, ten dos hijos y luego me vuelves a decir que te sientes vieja. ¿Además? Aún no sé qué voy a hacer el resto de mi vida. De nada.*

**B:** Siento tu dolor. ¿Tienes esa graciosa (por decir rara, no ja, ja, ja) sensación de que vas a pasar o reprobar el curso del resto de tu vida con cada decisión que tomes en este año que viene? Quizás solo sea yo.

Ahí lo tiene, el original dicho «Había una vez» para nuestra historia empieza con un poquito de coqueteo y mucha inquietud por el futuro. Ojalá pudiera darle un abrazo al Brian de veintidós años (y no solo porque creía que era totalmente adorable y guapísimo al mismo tiempo), dejarle saber que todo iba a salir bien y que tal vez estaba poniendo demasiada presión sobre sí mismo.

Probablemente hubiera asustado al Brian de ventidós años saber que en ese año él iba a tomar la decisión de pedir que se casara con él una pelirroja de un pueblito que se sentía muy vieja a los veintiún años. Pero eso es exactamente lo que sucedió.

Volver a leer esos correos me recordó que el Brian de veintidós años y el Brian de cuarenta y dos años aún tienen mucho en común. Ambos siguen siendo adorables y guapísimos para mí. Ambos pueden poner demasiada presión al proceso de tomar decisiones. A ambos les encanta coquetear. Claro, Brian ha crecido y madurado en los últimos veinte años de nuestra relación, pero las cosas que más me encantaban de él, su sentido del humor, su estrafalaria manera de hacerme reír tontamente como una colegiala, y su intenso deseo de tener éxito en la vida, no han cambiado.

Me atrevería a decir que los sentimientos iniciales que usted tuvo por su esposo cuando se conocieron por primera vez siguen igual también. Incluso si no tiene cientos de páginas de correos, usted sí tiene un inicio. Pase quince minutos recordando la primera vez en que se encontraron. Ya sea que decida escribir una narración, escribirle una carta a su esposo, o simplemente compartir su historia original con otra persona, hágalo ahora.

Una nota al margen: todos tenemos diferentes recuerdos de lo que vivimos y los pormenores de nuestra historia. Evite la tentación de corregir a su esposo o empezar una oración con «Noooo, ¡no fue así!». No estamos tratando de formar un registro detallado y específico para los Archivos Nacionales; estamos tratando de captar el espíritu de la razón por la cual se enamoraron.

¿Necesita unas cuantas chispas para encender ese fuego? Conteste las siguientes preguntas:

¿Qué ropa estaba usando usted? ¿Qué ropa estaba usando su esposo?

¿Dónde había estado usted justo antes de conocerse?

¿Estaba nerviosa?

¿Qué sonidos, olores, o imágenes había?

Tome unos minutos para examinar y evaluar más el inicio de su historia de amor. Haga una lista de tres rasgos del carácter que usted admiró o que la cautivaron cuando conoció a su esposo y que aún valoriza hoy.

Ella:                          Él:

1._____         1._____

2._____         2._____

3._____         3._____

En este corto pasaje de la primera página de nuestra historia de amor, también puedo ver algunas banderas rojas. La jovencita Cherie de veintún años y el jovencito Brian de veintidós años ya muestran que quizás no siempre hacen todo lo posible para comunicarse entre sí. ¿Se acuerda de mi itinerario de viaje? Trajo como resultado algunas bromas juguetonas, pero ofrece una breve anticipación de eventos futuros. Aun cuando pienso que estoy hablando con claridad, mis palabras tal vez no presentan la figura completa de lo que estoy tratando de decir a Brian.

¿Quiere decir que necesito encontrar al doctor Brown de la película *Volver al futuro* y encender el auto DeLorean para advertirme que estuviera lejos de este tipo coqueto? ¿Por supuesto que no. Sin embargo, ser sincera con respecto a cualquier problema que haya tenido al principio de su historia ofrece una oportunidad para el crecimiento y la mejoría. Los problemas en los matrimonios (específicamente en la manera en que las parejas manejan el dinero) no aparecen de la noche a la mañana. Usted puede ver los inicios de los desafíos en los inicios de las relaciones.

¿Podemos dejar en claro una cosa aquí? Los desafíos y aun el conflicto en el matrimonio no son cosas malas. De hecho, yo estaría más o menos aterrada si usted y su esposo estuviesen de acuerdo cien por ciento con cada cosa en su relación y el manejo diario de su familia y el hogar. Eso significa que uno de ustedes está mintiendo o que ambos son hijos de Vicki del programa de televisión de los 80 *Small Wonder* [Pequeña maravilla]. (En caso que se esté preguntando, la niñita que actuaba como robot ahora es cuarentona y es una enfermera en Boulder, Colorado).

Cuando empezamos a creer la mentira de que las parejas felices no pelean, no se comunican mal, o no cometen errores, plantamos semillas necias de descontento en nuestros corazones. Esos semilleros, si no son arrancados de nuestras relaciones, nos conducirán aún más por el camino del engaño hasta creer que otra gente tiene matrimonios más felices, o aun peor, que otra persona nos haría más feliz. Una vez que la mentira adquiere raíces, nos toma aproximadamente dos segundos para llegar a esa conclusión ilógica y errónea.

Sin duda su relación inicial tuvo sus desafíos, como todas las relaciones. Tal vez usted ha vencido algunos de esos desafíos, o quizás aún está trabajando en ello. Tal vez nunca haya pensado ni siquiera en identificarlos hasta ahora. De nuevo repito, haga una pausa por un momento para pensar detenidamente en los desafíos que haya tenido al principio de su romance. ¿Tuvo que vencer un obstáculo específico para siquiera lograr ir al altar? ¿Hubo una gran distancia entre ustedes dos? ¿Pelearon por algo pequeño o se comunicaron mal en gran manera? ¿Estaban amigos y familiares diciéndole que usted estaba loca por haberse casado con su esposo?

¡Buenas noticias! Usted triunfó sobre esos desafíos. Noticias mejores aún: usted puede aprender de los desafíos que una vez enfrentó y puede aplicar las lecciones que aprendió a nuevos desafíos. La vida funciona en patrones. Una vez que usted empieza a descubrir el código de lo que los motiva a ustedes dos, tendrá más probabilidades de éxito en el futuro.

Una pequeña advertencia a medida que usted pasa por el ejercicio de contar su historia. En *Do Over: Rescue Monday, Reinvent Your Work, and Never Get Stuck* [Vuelva a hacerlo: Rescate el lunes, reinvente su trabajo y nunca se quede atascado], Jon Acuff dice estas palabras sabias: «Nos encanta idealizar el pasado cuando nuestro presente no está a la altura de nuestras expectativas». Puede ser fácil recordar su «Había una vez» en forma mucho más reluciente y emocionante que los capítulos aburridos y desafiantes de la mitad del libro en que usted se podría encontrar ahora mismo. No caiga en la trampa de atesorar sus inicios por encima de lo que está pasando ahora mismo. Cada página es esencial. Cada página se desborda de belleza. Cada página es parte de su historia.

## Por qué su matrimonio necesita a Dan Henry: Brian

Si bien dónde usted empieza es impresionante e importante, en algún momento usted tendrá que hablar acerca de la dirección hacia dónde está yendo.

¿Conoce usted a Dan Henry? Yo tampoco, pero conozco su obra. Usted probablemente también la haya visto, pero no se había dado cuenta que era suya. Dan Henry inventó marcadores direccionales para eventos ciclistas organizados. Se parecen un poquito a este, pero están pintados con aerosol en el camino:

PRECAUCIÓN   IZQUIERDA   ADELANTE   DERECHA   CAMINO EQUIVOCADO

No suena ni parece impresionante impreso, pero piénselo. Los paseos organizados en bicicleta son más largos que las carreras organizadas, haciéndolos más importantes y más difíciles para mantener a todos en su curso, en un sentido literal. Sin guía direccional, alguien va a terminar en una cantina clandestina a media luz, preguntando cuál es el camino en el lugar equivocado de la ciudad. Por lo visto, cuando me imagino una tragedia en bicicleta, es en un ambiente de una película de crimen de la década de 1920.

Aquí entra Dan Henry. Sus señales direccionales están pintadas en el pavimento. Casi nada más decora el pavimento, haciendo llamativa la señalización. Los símbolos parecen marcadores de servicio público para el que no conoce. Pero para el ciclista, estos símbolos protegen el camino. Los marcadores se llaman, espérese, Dan Henrys. Ahora, no estoy seguro si Dan fue tan osado como para poner su nombre a sus señales en el camino, pero si es que lo fue, qué buena jugada, Dan Henry, qué buena jugada.

Cherie está loca. Quiero decir eso de la manera más amorosa. Divertidamente loca es una manera mejor de decirlo. Durante un puñado de años seguidos, ella paseaba en su bicicleta 250 kilómetros al día como parte de un paseo organizado. En julio. Una vez cuando estaba embarazada. Otra vez cuando tenía herpes. Dado su cabello carmesí y su piel blanca como la porcelana, el sol ardiente de julio no es su amigo. Pero ella siempre seguía adelante. Dan Henry demostró ser invalorable. Sin la dirección de Dan, ella podría estar todavía en el camino.

Cherie a menudo paseaba los mencionados 250 kilómetros con su amiga Holly. El paseo era en una carretera estatal, y yo manejaba por caminos de poco tráfico o en la carretera interestatal para alcanzarlas por intervalos. En las paradas programadas para hidratarse, yo me encontraba con Cherie y Holly, tomaba sus bicicletas, y les daba toallas y agua. En una parada en particular, ellas estaban perdiendo el ritmo. Yo estaba un poquito preocupado. Resultó que un grupo de otros ciclistas las habían convencido que la ruta conducía a un camino diferente. Los otros ciclistas estaban equivocados. Ellas se habían desviado 18 kilómetros de su rumbo. 268 kilómetros es más que 250. Dependiendo de la hora del día, esos 18 kilómetros adicionales de sol brutal pueden hacerse sentir.

Mi pregunta inmediata fue: «¿Están bien?».

Eso no es cierto. Esa *debió* haber sido mi pregunta.

Mi verdadera pregunta —para mí, el que se queda adolorido después de ir a trabajar manejando bicicleta durante tres kilómetros— fue: «¿Por qué no siguieron los Dan Henrys?».

Demasiado cansada como para darme una paliza, Cherie respondió: «Sí, lo hicimos. Fueron los Dan Henrys equivocados».

Había habido otra carrera la semana anterior. Un rumbo diferente. Un grupo diferente de Dan Henrys.

*¡Ojo!* No siga los Dan Henrys de otra persona ni siga los ejemplos equivocados. Usted no está yendo donde ellos están yendo. Usted no va a querer terminar donde ellos terminan. Escuchar las voces equivocadas o seguir las direcciones equivocadas solo conduce al dolor en su matrimonio y al fracaso en sus finanzas.

Oh, ojalá hubiéramos sabido estas verdades cuando nos casamos. Nosotros carecíamos de dirección financiera. No había Dan Henrys. Éramos inteligentes, pero tomábamos decisiones económicas en base a nuestros caprichos y mala información en vez de la prudencia y el plan de Dios para nuestras vidas.

Recuerdo haber estado en una inmensa y moderna sala de conferencias en la facultad de Derecho, rodeado de las mentes más brillantes jamás conocidas. Todos nosotros sacamos documentos de préstamo estudiantil y los pasamos al compañero del costado para que los firmen. En la graduación, muchos de nosotros conseguimos préstamos para «arreglárnosla» mientras estudiábamos para el examen de abogacía. Para mí ahora es difícil concebir por qué pareció una gran idea pedir prestado dinero por el motivo expreso del desempleo.

Pero todos los demás lo estaban haciendo, así que seguí su ejemplo sin cuestionarlo.

Por seguir este consejo y los Dan Henrys equivocados, nos hallamos con más de 90.000 dólares de deuda en préstamos estudiantiles de la universidad, facultad de Derecho y el préstamo para «arreglárnosla». La trampa, por supuesto, es que siempre hay que pagar los préstamos. Y además a menudo tienen un efecto dominó. Nuestro fuerte pago del préstamo estudiantil dificultaba el pago de reparaciones automotrices de emergencia o cuentas médicas, así que usábamos una tarjeta de crédito. La cuenta de la tarjeta de crédito se acumuló rápidamente y empezamos a cargarla para otras compras también. Por supuesto, yo también necesitaba transporte para llegar al trabajo, trabajo que necesitaba para pagar el préstamo. El único Dan Henry que veíamos hacia la compra de un vehículo nos llevó directo a la oficina de finanzas del concesionario local. Ponga unos muebles y más cuentas médicas y rápidamente nos encontramos hundidos al son de unos 127.000 dólares.

Usted puede evitar este síndrome «repentino y aparente» discerniendo los Dan Henrys correctos para su dinero y en su matrimonio. Hacer un plan por adelantado es un gran Dan Henry en su matrimonio o para su dinero. Los Dan Henrys no los pintan los ciclistas durante la carrera; se pintan uno o dos días antes, teniendo en mente la apropiada dirección y la línea de llegada. Diseñe lo más que pueda del tramo antes que lo vaya a necesitar. Proteja el camino. Tener frecuentes conversaciones financieras protege el camino y evita indeseables desvíos del rumbo hacia la libertad financiera. Usted puede diseñar el curso de su matrimonio programando y disfrutando tiempo deliberado con su esposa.

## Somos fracasos financieros (y eso está bien con nosotros): Cherie

Mi abuelita Thelma era dueña de uno de los inventos más grandes de los años 80. Una parte era equipo de oficina, otra parte parecía un arma, cuando la acurrucaba con mis diminutas manos, yo podía crear un futuro organizado, quizás todo un nuevo mundo. Encima del mango de plástico duro estaba un disco rígido con cada letra del alfabeto y números del cero al nueve. Seleccione la letra o el número de su preferencia, apriete el gatillo, y —¡boom!— una pequeña etiqueta de plástico salía de arriba. Escoja la siguiente letra y antes que se dé cuenta, ya estaba deletreando todas las palabras. Mi práctica favorita incluía crear mi nombre y luego pegar la lengüeta rectangular CHERIE en una cosa que tenía, y regresaba al creador de etiquetas para crear otra más.

Las etiquetas son raras. Tan pronto como salimos del vientre, empezamos a acumularlas. ¡Qué lindo niño! ¡Qué bella niña! Él es un bebé fastidioso. Ella es la perfecta angelita. A medida que crecemos, esas etiquetas continúan multiplicándose y nos las ponen una cantidad de gente distinta —familiares, maestros, amigos, vecinos y el anciano que vive al frente que proclama: «¡Sal de mi jardín, chica inútil! ¡La pelota ahora es mía!»—. Nosotros también nos ponemos etiquetas. Yo soy un estudiante que siempre me saco la mejor nota, soy un deportista, soy un empresario de éxito, soy una loca por la buena alimentación.

Sin embargo, rara vez decidimos compartir las etiquetas de las cuales nos sentimos menos orgullosos. La próxima vez que se encuentre con un desconocido, supongo que no abrirá con: «¡Soy un lento en serie! Si se supone que tengo que estar en tu casa a cierta hora, puedes contar con que estaré ahí treinta minutos tarde». O en la noche de reunión con el maestro, probablemente no exclamará: «Amo a mi hijito, pero me saca de quicio, y luego pierdo el control gritándole y haciéndole llorar. Siento que no merezco llamarme padre».

Algunas etiquetas son precisas. Yo soy mamá. Soy una autora. Soy una amiga. Algunas etiquetas —las que nos ponemos y las que nos han puesto otros— no son precisas.

No hace mucho tiempo, me senté con el autor de finanzas personales y personaje radial Pete el Planificador para conversar tomando un cafecito. Con numerosos libros, apariciones en la televisión, y un exigente horario de conferencias, él es una especie de gran cosa. Pero tomó un descanso de su atareado horario para reunirse conmigo, y yo lo acribillé a preguntas acerca de la búsqueda de ayudar a que otros manejen bien su dinero. En medio de nuestra conversación, él hizo una pausa para hacerme una pregunta con la que luché durante meses.

*«¿Se considera usted una experta en finanzas personales?»*

Yo rápidamente contesté no a esta pregunta sobre etiquetas. Porque a pesar de lo mucho que he aprendido acerca de pagar deudas y ahorrar dinero, reconozco que hay bastante gente que es mucho más inteligente y financieramente entendida que yo.

«¿Supongo que soy una experta en ahorrar dinero?», respondí con un tono poco convincente, sin estar segura de estar tratando de persuadirlo a él o a mí misma.

Pocas semanas después me di cuenta de cómo debí haber respondido. ¿No sucede así siempre? Si pudiera retroceder en el tiempo, hubiera contestado con un tono más confiado: «Soy un fracaso en las finanzas personales».

A pesar de que estoy entusiasmada que hayamos encontrado una salida a más de 127.000 dólares en deudas, frecuentemente me hago acordar que nosotros fuimos los que adquirimos toda esa deuda para empezar. Hubo tantos errores, tantas decisiones necias y tanta falta de atención a nuestras finanzas. Nuestra historia es del fracaso al igual que del éxito económico y matrimonial. Seis años después de pagar completamente toda nuestra deuda y resolver nuestros problemas, he llegado a darme cuenta de algo.

*Está bien conmigo si soy un fracaso.*

Estas son palabras mayores. Yo no soy una persona que rápidamente admite sus fallas (sin embargo, soy excelente en señalarlas en la vida de otros, especialmente las de Brian). El fracaso financiero me enseñó más acerca de mi vida, fe, dones —y la falta de ellos— que cualquier éxito jamás pudiera hacerlo.

No me escuche mal. Si usted ha cometido errores con su dinero o su matrimonio o ambos, no es un boleto gratis para que se sienta y se revuelque en sus malas decisiones. No quiere decir que recoja su pelota, se retire y deje de pelear. Y, por cierto, usted no debe culpar a otros por sus propias decisiones.

No obstante, si usted ha fracasado y luego peleado otra vez para salir airoso, entonces ha descubierto algo bastante asombroso. Rara vez regresará a las conductas insensatas del pasado. Como alguien que se quema después de tocar la estufa, usted se da cuenta de que duele fracasar. Toma tiempo y sacrificio corregir los errores. Usted hará lo que sea para evitar ese dolor otra vez.

No le puedo decir la cantidad de veces que me he encontrado con alguien que quiere volverse rico rápidamente o que todos los problemas en su matrimonio desaparezcan de un porrazo. A menudo sus ideas son por causas nobles. Después de todo, solo quieren pagar todas sus deudas para poder ser increíblemente generosos. O quieren un mejor matrimonio para dar el ejemplo a sus hijos. Sin embargo, cuando alguien inesperadamente consigue dinero o tiene una descabellada maquinación para arreglar su matrimonio en un instante, los problemas abundan. Cualquier cosa que evite que usted experimente el dolor del fracaso resulta en un retorno a pedir dinero prestado o continuar patrones de malas relaciones.

Usted probablemente ha sido testigo de esta verdad en acción anteriormente. Los reportes de las noticias anuncian otro ganador de la lotería que se ha ido totalmente a la quiebra. Todos nosotros nos rascamos la cabeza y nos preguntamos en voz alta: «¿Cómo rayos pasó eso? ¡Ellos tenían tanto dinero!». Sin embargo, no es una sorpresa. Si usted no ha recorrido un viaje que causó sacrificio, es muy probable que termine exactamente en el mismo camino que empezó antes del «arreglo instantáneo».

¿Por qué le estoy diciendo todo esto? ¿Quiero que usted sea un fracaso? Lejos de ello. De hecho, el deseo de mi corazón es que usted tenga un matrimonio sano y fuerte y un futuro financiero sano y fuerte. Pero tiene que reconocer que para que haya uno de ellos o ambos, se requiere cambio. Y a veces el cambio puede ser desafiante o hasta doloroso.

Pagar las deudas no es complejo. Solo que no es fácil. Asimismo, tener un matrimonio asombroso no es complicado. Solo que no es simple.

Si usted ha leído *Slaying the Debt Dragon* [Matar al dragón de las deudas], sabe que nuestro plan para pagar las deudas no fue un tratado económico. No fue pomposo ni complicado. Aunque hubo cientos de opciones (muchas esbozadas en ese primer libro), lo esencial es que nosotros trabajamos muchas más horas y gastamos mucho menos dinero. Nosotros conseguimos dos y luego tres trabajos adicionales. Cambiamos a un sistema de presupuesto basado en el dinero en efectivo. Planificamos nuestras comidas. Rara vez salíamos a cenar. No salíamos de vacaciones. Nosotros preparábamos nuestro propio detergente para lavar la ropa y productos de limpieza para el hogar. Cortamos todos los gastos extras. Convertimos el pago de las deudas en un juego que íbamos a ganar. Cortábamos cupones. Sintonizábamos diariamente el programa de Dave Ramsey como si fuera una reunión de Alcohólicos Anónimos y las deudas fueran nuestra adicción. Nosotros presupuestábamos, hacíamos cálculos, y luego volvíamos a revisar nuestro trabajo para ver qué más podíamos hacer. Teníamos reuniones semanales sobre el presupuesto. Comunicábamos hasta las compras más pequeñas.

Nuestros métodos eran simples. Pero supongo que usted reconoce que el proceso no fue fácil. Nuestra historia se originó con una decisión. Brian primero visualizó el pago de todas nuestras deudas de consumo. Admito que fui una escéptica. Sencillamente no podía ver cómo era posible una tarea tan gigantesca. No obstante, después de ver que sus primeros pasos de obediencia dieron resultados, seguí su ejemplo. También empecé a tomar decisiones simples para alcanzar nuestra meta compleja. Trajo recompensa, al son de 127,482.30 dólares en poco menos de cuatro años.

Todos los días usted toma decisiones. Todos los días usted decide dónde irá su dinero y cómo tratará a su cónyuge. Todos los días usted puede decidir regresar al dolor y poner sus dedos en la estufa. O todos los días puede recordar: «¡Ay! Eso duele. No hagamos eso otra vez».

Espero que usted... acoja su fracaso.

Quizás no sea tan poético como una canción de Lee Ann Womack, pero realmente espero que usted acoja su fracaso. Aprenda de ello. Salga más fuerte y más inteligente y mejor equipada. Solo porque usted ha cometido errores, no significa que está en la morgue o que la han sacado del partido.

Pero sí significa que tiene que cambiar.

¿Quiere dejar una mejor herencia a sus hijos? ¿Quiere un matrimonio más sano y más realizado? ¿Quiere ser capaz de suplir las necesidades e incluso algunos de los deseos de su familia? ¿Quiere ser capaz de cambiar el mundo?

*Vale la pena el dolor para lograr el cambio si usted es suficientemente valiente para fracasar.*

Deténgase un minuto y considere las etiquetas que le ha puesto a su matrimonio. ¿Es el fracaso una de ellas? ¿Es eso una cosa muy mala? Una cosa que sé con seguridad es que usted no es la excepción. No es demasiado tarde para usted. Siempre hay esperanza para su futuro.

*Dios se interesa más por usted que por los errores que ha cometido.* El amor de Dios va más allá de las malas decisiones financieras y las rutinas conyugales. Lo que es mejor, Dios no condena el fracaso con su dinero o su matrimonio. Aun si su historia original empieza con el fracaso, su amorosa esperanza es disipar las etiquetas y cambiarle el nombre a victorioso.

## El bendecido inicio

Toda obra épica tiene una oración de apertura y un prólogo detallado. *Hace mucho tiempo en una galaxia lejana, muy lejana.*

*Dos casas, parecidas en dignidad, en la bella Verona, donde presentamos nuestra escena.*

*Fue el mejor de los tiempos, fue el peor de los tiempos.*

*En un agujero en la tierra, allí vivía un hobbit.*

Su historia no es diferente. Los inicios son bendecidos. Celebre donde usted empezó.

## Preguntas para discutir

1. ¿Alguna vez ha seguido direcciones equivocadas? ¿Dónde terminó usted?
2. Para Brian las instrucciones de «es la quinta casa a la derecha» cambiaron su rumbo para siempre. ¿Cuáles son algunas de las mejores declaraciones cambiadoras que le dijeron acerca de su vida?
3. Cherie habló de lo que se diría a sí misma cuando tenía veintiún años y cómo animaría al Brian de veintidós años. ¿Qué palabras sabias le ofrecería a su principiante ser al principio de su relación con su cónyuge? ¿Cómo animaría a su principiante cónyuge?
4. ¿Cuándo cayó usted en la trampa de seguir los Dan Henrys de otra persona por el dinero o el matrimonio? ¿Qué sucedió como resultado?

## Promoviendo la estimulación seductora de las finanzas

Si el presupuesto y el tiempo lo permiten, regrese al lugar donde usted y su cónyuge se conocieron por primera vez. Quizás podrían cenar en el restaurante de su primera cita o salir a caminar juntos en un lugar importante para sus inicios. Si el tiempo o ubicación restringen sus esfuerzos, dense un paseo por el recuerdo mirando detenidamente viejas fotos o leyendo cartas amorosas.

## CAPÍTULO 2

# ¿Qué es la estimulación seductora de las finanzas?

## De un hogar dividido a una unión feliz

―――――

*Mucha gente pasa más tiempo planificando las bodas que planificando el matrimonio.*

ZIG ZIGLAR

No importa la gente o los lugares, las respuestas siguen siendo idénticas.

Amigo, compañero de trabajo, o conocido: «¿De qué se trata el nuevo libro?».

Nosotros: «La estimulación seductora de las finanzas: cómo los hábitos del manejo inteligente del dinero conducen al sexo fabuloso en el matrimonio».

Nueve de diez veces, siguieron miradas asustadas y perdidas. Pero esos mismos ojos destellaron de interés vivo en cuestión de segundos.

De nuestra propia experiencia personal y las horas que hemos compartido animando y aconsejando innumerables parejas, sabíamos de la conexión vital entre las finanzas sabias y el romance picante. Las miradas que intercambiaron nuestros curiosos homólogos confirmaron que andábamos tras de algo.

De este concepto, identificamos ocho áreas clave en las que las parejas tienen problemas con el dinero y el matrimonio, y por consiguiente ocho áreas de conflicto que rara vez conducen a encuentros apasionados. Nadie va al altar y proclama: «Espero seguramente que las próximas décadas de mi vida sean miserables y terminen en una profunda decepción». Sin embargo, en los días, semanas, meses y años que siguieron al intercambio de votos, nuestros hábitos vencieron a nuestras esperanzas ingenuas. Para hacer que nuestros matrimonios pasen de regulares a asombrosos, debemos desarrollar estrategias y prácticas compartidas acerca del uso del dinero.

Las relaciones perfectas no existen, porque no hay gente perfecta. Dos individuos singulares, ambos creados a la imagen de Dios, ambos amaban profundamente a Dios, aún lucharon para unir sus vidas en una. *Mejorar requiere movimiento.* Independientemente de la cantidad de años que ustedes hayan estado juntos o cuán sólido o fracturado sean sus lazos, los matrimonios realizados surgen del esfuerzo constante y deliberado.

Pero regresemos donde empezamos. ¿Qué es la estimulación seductora de las finanzas? Para nosotros, la estimulación seductora de las finanzas simplemente significa que esposos y esposas invierten en hábitos financieros sabios y capital relacional para despejar el camino para el sexo picante y la unión significativa. Es encargarse de asuntos bancarios para poder «poner manos a la obra» en la cama, dejando muy atrás los conflictos con el dinero. Es una confianza, vulnerabilidad y conexión completa cuando se trata de nuestros cuerpos y nuestros presupuestos. La estimulación seductora de las finanzas es el resultado de una búsqueda mutua y continua de la mejora de hábitos y comunicación compartidos acerca del uso del dinero. Conforme las parejas se vuelven más expertas en navegar las aguas difíciles de las finanzas, ellas desarrollan un conjunto de habilidades transferibles. La habilidad de comunicarse claramente, permanecer organizado, enfocarse en prioridades compartidas, manejar conflictos, y guiar juntos bien, quita barreras a la conexión más íntima y más profunda, dejando más espacio y deseo para tener sexo. Cuanto más se acerque el uno al otro en las finanzas, más cerca se sentirán, y más anticiparán crecer juntos emocional y físicamente.

Manejar el dinero juntos es duro. En un estudio reciente, los investigadores determinaron que el 70 % de las parejas peleaban más acerca del dinero que de «los quehaceres de la casa, la unión, el sexo, los ronquidos y lo que hay para cenar».[1] Si usted pelea acerca del dinero una o más veces a la semana, sus probabilidades de divorciarse aumentan 30 %.[2] Según un estudio de 2012, las discusiones frecuentes sobre las finanzas son de lejos el más grande pronosticador del divorcio.[3]

Nosotros diseñamos *Su dinero, su matrimonio* para ayudarle a vencer esas probabilidades. Si las discusiones sobre el dinero los separan, entonces los acuerdos sobre el dinero no podrán evitar que ustedes se junten. Cada capítulo enfrenta una situación conyugal pegajosa y describe un movimiento de viejos patrones de comportamiento esclavizante a nuevas libertades unificadoras. Empezaremos con una exploración de la verdadera intimidad, la necesidad de la seguridad, y cómo conectarse a un nivel más profundo.

Que empiece la estimulación seductora de las finanzas.

## Culto a los cargamentos: Brian

Durante la Segunda Guerra Mundial, las fuerzas japonesas ocuparon diminutas islas subdesarrolladas del Pacífico. Los habitantes veían con asombro mientras los aviones de carga aterrizaban con regularidad y descargaban comida, abastecimientos y municiones. Hacia el fin de la guerra, soldados norteamericanos avanzaron y reemplazaron a los soldados japoneses opositores. Los aviones aún zumbaban entrando y saliendo de las islas. La gente, las banderas y las ideologías cambiaron, pero esos hechos no lo notaron los nativos.

Después de la guerra, los aviones dejaron de aterrizar. Ya que no servían como estaciones estratégicas de abastecimiento, los norteamericanos se retiraron de las islas del Pacífico. Terminó la Segunda Guerra Mundial, y a los ojos de un mundo industrializado, nada en las islas merecía la reconstrucción. La gente que vivía en estas islas, no obstante, tramaron un plan para engatusar a los aviones para que regresen, a pesar de su falta de tecnología moderna.

La gente indígena reprodujo receptores «radares» en forma de grandes parabólicas hechos de materiales naturales de la tierra como pasto enmarañado, palos y hojas. Pero los aviones de carga jamás aterrizaron. Ellos destrozaron una pista de aterrizaje provisional con follaje que había crecido demasiado y le prendieron fuego por ambos lados. Pero los aviones de carga jamás aterrizaron. Ellos crearon y usaron auriculares tallados a mano con antenas de bambú. Pero los aviones de carga jamás aterrizaron otra vez. Con minucioso detalle, los aborígenes recrearon todo lo que veían y remedaban los movimientos de las tropas japonesas y norteamericanas. Quizás lo que fue más impresionante, esculpieron aviones modelo de tamaño real usando materiales de la isla con la esperanza de atraer a verdaderos aviones de carga. Pero por supuesto, los aviones de carga jamás aterrizaron.

Debido al fervor religioso con el que los nativos trataron de invocar a las deidades (aviones de carga) del cielo, los científicos pusieron una etiqueta al fenómeno y lo llamaron culto a los cargamentos. Una rápida búsqueda por la Internet revela imágenes de los trabajos manuales del culto a los cargamentos. Nuestros ojos primer mundistas del siglo XXI reconocen que estas creaciones rudimentarias y divertidas estaban destinadas al fracaso. Tratar de atraer y hacer aterrizar un avión con un auricular tallado a mano es absurdo. ¿Entonces por qué nosotros usamos antenas de bambú en nuestros matrimonios?

Así como los cultos a los cargamentos tenían expectativas inalcanzables, nosotros cargamos expectativas poco realistas en cuanto al dinero y la intimidad en nuestros matrimonios. En un intento por acercarnos más, tomamos vacaciones de lujo y compramos regalos caros. Tal vez es una pulsera de diamantes o un reloj Rolex en vez de antenas de bambú, pero el resultado es el mismo: nuestras expectativas no son satisfechas. Nos parecemos a un culto a los cargamentos cuando seguimos usando los mismos métodos para crear intimidad cuando esos hábitos continúan fallando. Lo que es peor que el ejemplo del culto a los cargamentos es que nuestros gestos caros el uno para con el otro en realidad causan disensión. Los gestos caen al suelo y nuestras cuentas bancarias se encogen, así que nos ponemos a pelear por el dinero. El ciclo daña nuestras relaciones, pero no aprendemos de la experiencia. En cambio, repetimos todo ese patrón destructivo una y otra vez. Sin darnos cuenta estamos formando un culto a los cargamentos mientras destrozamos nuestros matrimonios.

Por ejemplo, cada vez que seguimos el modelo de un matrimonio ficticio, estamos formando un matrimonio como de culto a los cargamentos. Si nuestra idealizada versión del sexo y romance se deriva de un programa de televisión de gente que se cita, estamos teniendo la tendencia hacia un estado de culto a los cargamentos. Esos programas existen para ganar sintonía y presentan versiones distorsionadas del amor. Copiar el diálogo y las acciones de lo que vemos en la pantalla invita a la desilusión. Darle a su esposa una rosa es lindo, pero no mejora la verdadera intimidad. Cuanto más deseamos que nuestros matrimonios se parezcan a las relaciones en la televisión, menos probable será que un avión que lleva verdadera intimidad aterrice.

Una participación menos obvia en el culto a los cargamentos ocurre cuando imitamos cierta conducta de otras relaciones sanas. Tener parejas en nuestras vidas que tienen más experiencia y poseen sabiduría financiera e intimidad conyugal nos ayuda a crecer. Pero si una de esas parejas se va en un crucero al Mediterráneo, esto no significa que ustedes se vayan en un crucero también. El crucero sucedió como resultado de toda una vida de intimidad y seguridad económica; no necesariamente crea ninguna de ellas. Aprenda de los mentores, pero no imite todo lo que haga la gente que tiene matrimonios sanos; refleje lo que ellos son. Sus hábitos diarios del manejo del dinero y sus momentos tiernos son más importantes que sus ostentosos y reconocidos eventos atractivos. Decidir reproducir las vacaciones en lugar del crecimiento diario no hará que aterrice un avión lleno de intimidad.

Así como los cultos a los cargamentos de las islas del Pacífico carecían de avances tecnológicos, nuestros falsos esfuerzos por alcanzar la intimidad carecen del amor sacrificado y el compromiso. Sin el amor sacrificado y el compromiso, solo estaremos inquietándonos con gestos que se parecen a la intimidad, pero carecen de profundidad.

Un verdadero compromiso con sus finanzas desarrolla la intimidad. El dinero y la seguridad están inextricablemente vinculados. El compromiso financiero refleja el amor sacrificado de Dios por nosotros. Su amor nos dice: «Voy a hacer todo lo que sea necesario para cuidar de ti. Tú eres más importante que cualquier cosa». Y aun cuando reconocemos al nivel del alma que Dios es nuestra única fuente de seguridad, cuidar de nuestras finanzas envía ese mismo mensaje a nuestra esposa: «Voy a hacer todo lo que sea necesario para cuidar de ti. Tú eres más importante que cualquier cosa». Cada vez que usted cuida de sus finanzas, usted cuida de su esposa. Momentos frecuentes de fidelidad financiera aumentan la seguridad y confianza del uno hacia el otro. Esa seguridad los convierte de individuos separados a una pareja con lazos establecidos.

Que dos se conviertan en uno en el matrimonio es más que solamente sexo. Lo admito, el sexo en el matrimonio es el símbolo máximo del amor y la unidad. Pero tener sexo sin intimidad es igual que usar un auricular de bambú y esperar que aterrice un avión. Usted está siguiendo las formalidades, pero no hay verdadera conexión. La conexión hace que un matrimonio tenga éxito y conduce a la estimulación seductora de las finanzas.

Los auriculares de bambú no funcionarán porque son imitaciones. Nosotros podemos evitar el matrimonio que refleja el culto a los cargamentos volviendo a visitar los compromisos que nos hicimos el uno para con el otro. A diferencia de los auriculares de bambú, estos compromisos son reales. Cumplir las promesas que se han hecho juntos cultiva la verdadera intimidad.

## Votos de dinero: Cherie

La mayor parte de mi vida, viví la narrativa de una chica poderosa. Los héroes de mi infancia siempre eran mujeres inteligentes y fuertes: la mujer maravilla, Scarlett de G.I. Joe, la princesa Leia y mi mamá (ayyyyy, pero sí es cierto). Dando vueltas en círculos en el patio trasero, me imaginaba que mi ropa de juego se transformaba en tonos de color rojo y azul de la armadura de una superhéroe. Con mi lazo de confianza a mi costado, yo imitaba los suaves movimientos de Lynda Carter tirando pelotas de tenis para que tocasen la superficie de la luna, o tal vez solo el techo de nuestro rancho hasta que rebotara hacia el otro lado.

Las ambiciones de mi niñez fueron más allá de solamente salvar al mundo. Días llenos de jugar a la heroína fueron acompañadas de la imaginación de mi posible futuro. Más de una vez me puse la funda blanca de una almohada mientras agarraba un ramillete invisible y caminaba hacia un altar imaginario. Yo soñaba con el día de mi boda, planificaba los colores de las servilletas (por qué esto era tan importante en los años 80 y 90, nunca me entenderé), la variedad de flores, y, por supuesto, el rostro de mi apuesto novio.

Lo que jamás consideré, sin embargo, fueron las palabras que nos diríamos el uno al otro cuando conocí al hombre de mis sueños en la entrada de la iglesia. Suponía que uno solo seguía lo que el predicador sugiriese, la parte que dice «serte fiel en la riqueza o en la pobreza, en la salud y en la enfermedad». Sinceramente, ¿a quién realmente le importa esas palabras al final? En las fantasías de mi niñez, el momento culminante era cuando mi hombre misterioso ponía para atrás mi velo, revelando mi rostro brillante, y compartíamos un largo y dulce beso (un gesto que como niña siempre parecía algo grotesco y persuasivo a la vez).

Brian y yo hemos perdido la cuenta del número de bodas a las que hemos ido durante las últimas dos décadas. Algunas que revolotean hacia el principio de nuestra lista fueron bodas conmovedoras llenas de significado y centradas en Jesús. En las mejores recepciones bailábamos hasta que nos dolieran los pies. Había bodas donde parecía que conocíamos a todos los asistentes, y otras donde mirábamos alrededor anhelando ver un rostro amistoso aparte de la novia y el novio. También nos ha tocado una buena cantidad de *disc-jockeys* raros, incluyendo un tipo que bromeó diciendo que la pareja de recién casados se dirigía a las Islas Vírgenes esa noche, pero que ya no iban a ser las Islas Vírgenes por mucho tiempo (mal, simplemente muy mal).

Nos encantan las bodas. Cada vez que una pareja toma pasos para acercarse (especialmente cuando esos pasos se toman para seguir a Jesús más de cerca también), sentimos una renovación del lazo que experimentamos el 17 de julio de 1999. Escuchar a otros repetir los mismos votos que hicimos nosotros fortalece la conexión que compartimos. A pesar de lo diferente y único que ha sido cada boda, casi todas las ceremonias a las que hemos asistido comparten un rito parecido. Ya sea que los recién casados prenden las velas, combinan arena en un frasco, usan cuerdas para hacer trenzas juntos, o arman una cruz, cada servicio culmina con un gesto ilustrativo.

La acción metafórica representa una verdad más grande que es la unión de dos vidas en una. Ojalá fuera la unión de las finanzas así de fácil. ¿No sería encantador? Ambos derramamos un pequeño vaso de arena en un frasco más grande y —*boom*— estamos de acuerdo con todas las decisiones monetarias. O mezclamos la llama de dos velas en una mecha más grande y de allí en adelante jamás volvemos a tener ningún desacuerdo económico. No importa cuánto se parezcan las bodas a un cuento de hadas, ningún matrimonio corresponde a esta noción poco realista.

Como niños podemos soñar con nuestras futuras bodas espléndidas, pero rara vez pensamos en las promesas hechas en el altar. Incluso como parejas animadas de adultos, es más fácil enredarse con las tradiciones y los símbolos —los anillos, el centro de mesa, el pastel, la ropa— y olvidarse de los votos solemnes que estamos por hacer. Nos concentramos en los detalles, pasando por encima del componente principal de cualquier ceremonia de boda.

Ya sea que repitamos un texto consagrado o escribamos nuestras propias palabras, los votos que digamos son lo que realmente hacen que una boda sea una boda. Repito, los símbolos son ejemplos hermosos de nuestras intenciones de llevar una vida entretejida, pero las palabras que decimos en voz alta viajan hacia la verdadera esencia del matrimonio más allá que un simple simbolismo. Encender una vela es adorable, pero hacer votos para seguir con su esposo o esposa ya sea en la riqueza o en la pobreza pega fuerte. Prometer toda una vida cuidando de su cónyuge en tiempos de enfermedad y en tiempos de salud lleva más peso que combinar arena. Usted le está dando su palabra a Dios, la familia y amigos para permanecer fieles el uno al otro no importa las cosas que lo agarren desprevenido en la vida.

En el transcurso de los años, conforme hemos preparado a las parejas para que inicien nuevas vidas juntos o a aquellos que se han descarriado debido a una de esas cosas que agarran a uno desprevenido, he anhelado una versión ampliada de los votos matrimoniales. Aun en nuestras propias luchas conyugales, cómo he deseado que hubiésemos hecho promesas más detalladas, especialmente cuando se trata de dinero. Así que un día Brian y yo esbozamos lo que llamamos votos monetarios: promesas que nos hemos hecho mutuamente, pasando los símbolos y alcanzando las partes más íntimas de la vida.

Yo prometo...

- compartir libremente el dinero que gane, resistiendo la tentación de ver lo que es mío solo como mío y lo que es tuyo solo como tuyo.
- nunca mentir o evitar hablar de lo que he gastado.
- abstenerme de ocultar o acaparar el dinero.
- nunca hacer una compra importante sin consultar contigo primero.
- abandonar las nociones de lo que creo que es mejor y enfocar en lo que ambos estamos de acuerdo.
- ser fiel, no solo a nuestras vidas sexuales, sino también a los acuerdos que hemos hecho juntos acerca de nuestras finanzas.
- reconocer que todo lo que tenemos le pertenece a Dios, y que él nos ha llamado a cuidar de nuestra familia, tiempo, recursos, posesiones y finanzas juntos.

Las promesas que se hacen y se cumplen dan seguridad en el matrimonio. La seguridad trae como resultado la intimidad. Solo cuando nos sentimos seguros nos sentimos completamente abiertos y vulnerables. Nadie quiere desnudarse con alguien en quien no pueden confiar. Y si bien su esposa tal vez no lo tome de la mano inmediatamente y lo lleve a la cama después que usted haga estas promesas, es más probable que ella se sienta cómoda con usted cuando se mantiene fiel a su palabra.

La infidelidad financiera, así como la infidelidad sexual, rompe el lazo de confianza y seguridad entre esposos y esposas. Una vez roto, ese espacio de vulnerabilidad y desnudez es difícil de volver a crear. Sus votos monetarios pueden parecerse a los nuestros o adoptar su propia forma. Pero cualquier cosa a la que usted y su cónyuge lleguen a acordar, cumplan su palabra. Hagan promesas en voz alta que vayan más allá del simbolismo. Permanezcan fieles.

## Todos necesitan bandas sonoras: Brian

*¡Tataaaaaaa!* El claxon del carro atronaba su tono desagradable. Mis ojos se abrieron como un relámpago, y mis manos adolescentes sacudieron el timón hacia la izquierda, forzando a que el carro regrese a la pista, evitando por poco que choque con un poste telefónico. Después de negar a mi cuerpo por mucho tiempo su necesidad de descanso, me quedé dormido manejando en medio de un soleado martes. Resulta que los carros son difíciles de manejar cuando uno está dormido, y el mío había confundido el gran jardín de delante de alguien con una vía pública. Afortunadamente, el conductor concienzudo detrás de mí tocó a todo volumen el mejor aparato de advertencias que tenía para despertarme de mi sueño de la tarde.

Si nosotros nos quedamos dormidos manejando nuestros carros, nos arriesgamos a tener daños extraordinarios. Cuando nos quedamos dormidos manejando nuestro dinero o nuestro matrimonio, ponemos en peligro nuestros lazos sagrados. Todo matrimonio es susceptible a salirse de los carriles, destrozando las finanzas y las relaciones. Tal vez alguien toque incesantemente un claxon y le alerte; pero no siempre podemos depender de eso. Podemos, sin embargo, utilizar un aparato que constructores de carreteras diseñaron para salvar las vidas de conductores somnolientos.

En la mayoría de las carreteras interestatales modernas, un tramo de pavimento ondulado alinea el borde del carril extremo de la izquierda y de la derecha. Si su carro se sale de su carril, las llantas y la superficie dispareja producen una vibración atroz y un zumbido ruidoso irritante. Aunque estoy seguro de que existe un nombre más oficial, el término común de este pavimento áspero es «banda sonora».

La conexión es nuestra meta en el dinero y el matrimonio. Instalar bandas sonoras en nuestras vidas nos ayudan a evitar el sufrimiento y nos conecta con una unión gozosa. Si usted ha estado de acuerdo con un presupuesto con su esposa, el presupuesto en sí sirve como una banda sonora bastante buena. Digamos que usted recibe un correo electrónico de su zapatería favorita notificándole de unas rebajas de liquidación fantásticas. Si usted no tiene en su presupuesto un renglón para zapatos acordonados de lujo, hay un sonido que debe escuchar en su cabeza: *tracatrán, tracatrán*. Gastarse todo lo que está en el presupuesto es un abuso de confianza. Aun si los fabricantes de zapatos milagrosamente empiezan a hacer zapatos de otro estilo para hombres adultos, los milagros en la zapatería no justifican las metidas de pata en el presupuesto.

¿Piensa en comprar muebles nuevos sin la opinión de su esposa? *Tracatrán, tracatrán*. ¿Usar un método en el que «pide perdón después» y les compra a los hijos un perrito en contra de los deseos de su esposa? *Tracatrán, tracatrán*. ¿Llenar una solicitud para pedir una tarjeta de crédito a fin de «ahorrar» 10 %? *Tracatrán, tracatrán*. Todas estas respuestas deberían de ser relativamente fáciles, pero la práctica de escuchar el ruido en su cabeza (o hacer que se escuche fuerte) le ayudará a voltear el timón de su vida hacia donde necesita estar. No se quede dormido manejando sus finanzas. Aun más, manténgase despierto en los asuntos del corazón.

Si usted quiere aplastar a su esposa y pulverizar su corazón, tenga una aventura amorosa con alguien. Nada disminuye más la conexión íntima entre las parejas casadas. Las aventuras amorosas típicamente no empiezan con: «Hola, me llamo Steve. Gusto de conocerla. ¿Le gustaría tener relaciones sexuales y destruir a nuestras respectivas familias?». La infidelidad culmina como resultado de varias decisiones tomadas en el transcurso de un largo tiempo que las bandas sonoras pudieron haber prevenido. Por ejemplo, amigo mío, si una compañera de trabajo le pide que la lleve a casa, *tracatrán, tracatrán*. Si una enamorada de la secundaria le envía un pedido para que sea su amigo en los medios sociales cuando menos lo esperaba, *tracatrán, tracatrán*. Si uno de los cónyuges se refiere a un miembro del sexo opuesto como su «mejor amigo(a)», *tracatrán, tracatrán*.

En última instancia, ustedes dos tienen que trabajar juntos para establecer bandas sonoras para sus votos monetarios y sus votos matrimoniales. Recuerde, las bandas sonoras en la autopista están bien cerca de los carriles extremos y le advierten a la primera señal de haberse descarrilado. Las bandas sonoras en sus vidas necesitan estar lo más cerca posible al camino recto.

## Haciendo espacio en su presupuesto para el romance: Cherie

Al principio de nuestro matrimonio, yo me sentaba sudando nerviosamente en un cuarto de mujeres de casi la misma edad y en una etapa similar de la vida. Leíamos un libro juntas y teníamos conversaciones francas sobre las realidades del matrimonio y el sexo. En general, había sido una experiencia reveladora para mí y fue una de las primeras veces en que otras mujeres compartían sus luchas íntimas de una manera sana que honraba a Dios. Pero en esta semana en particular una conferencista invitada vino a compartir algunas de las maneras específicas en que ella y su esposo dieron prioridad al romance. Desde terminar *cada* noche compartiendo un tazón de helados en la tina (Aún no estoy segura de que tengamos suficiente coordinación como para lograrlo. ¿Tal vez nuestra tina es simplemente demasiado chica?) hasta cenas a la luz de las velas preparadas por el supermercado (mucho más a mi ritmo), esta pareja aprendió a mantener vivo el amor sin gastar mucho dinero.

Me encantan las buenas rebajas, así que este consejo para mí tuvo sentido. Eso fue hasta que empezó a hablar de comprar lencería de segunda mano. Me estremecía pensar en usar la ropa interior de otra persona, aun si se hubiese lavado en mi casa. Mire, esta chica ahorrativa tiene sus límites. Estoy segura de que yo hago suficientes cosas que podrían asquear a la sabia mujer que solo quería ayudarme a tener un mejor matrimonio. Pero yo no pude escuchar una palabra más después que mencionó su consejillo sexi para ahorrar dinero. No.

Reciba mis elogios si usted puede conseguir algo provocativo en la tienda de segunda mano. En mi mente, yo sé que lavar el producto lo hace «como nuevo», pero no puedo superar el asquiento malhumor mental. Pero este momento educativo sí me ayudó a reconocer una cantidad de lecciones de la vida. (1) Esta estrategia definitivamente no funcionaría si usted tiene un esposo con tendencias a temer a los gérmenes. Digamos, un tipo que apenas toca las manijas de las puertas. Digamos que yo conozco ese tipo. (2) Cuando se trata de lencería, las cintas con dobleces pueden ser divertidas, aunque a muchos tipos les agrada el color desnudo. (3) Es importante hacer un presupuesto para el romance, aun si usted está viviendo con recursos limitados.

Mientras nosotros pagábamos la deuda de 127.000 dólares, dedicamos cada centavo extra que ganábamos hacia nuestras metas económicas. No teníamos suficiente dinero para pagar a una niñera, y ni hablar de una cena lujosa en un restaurante. Sinceramente, ni siquiera había fondos para lencería de segunda mano (gracias a Dios por la lección número dos sobre momentos educativos). Incluso hicimos una pausa en darnos regalos por Navidad, cumpleaños, aniversarios, Día de San Valentín y «sin razón alguna». No había fines de semana románticos en lugares exóticos o viajes solo para parejas. Pero trabajar juntos hacia una meta financiera común nos daba tanto placer como la compra de cualquier regalo.

De algún modo todavía nos ingeniábamos para reunir a duras penas suficiente dinero para de vez en cuando tener un momento juntos. Sinceramente no se trataba de cuánto gastábamos. En cambio, apartar dinero —sin importar cuán pequeña sea la cantidad— nos hizo dar cuenta de que el romance es una prioridad en nuestro matrimonio. No me malinterprete. El amor y el sexo no dependen del gasto de dinero. Usted puede tener ambas cosas en gran cantidad sin abrir su alcancía. No obstante, valorizar el romance apartando dinero ganado con sacrificio con la intención de invertirlo en la prosperidad de su amor habla mucho de la importancia que usted le da a los lazos íntimos de su matrimonio.

Use el dinero que apartó de la manera que ustedes estimen adecuada. Ustedes podrían gastar el dinero del presupuesto para su romance en una linda noche afuera cada mes. O podría acumular la cantidad de dinero hasta ahorrar lo suficiente para una escapada de un fin de semana. Aun si cada uno tiene un dólar, pueden ir a la tienda de baratillos para comprarse regalos especiales. Sus gastos no tienen que ser llamativos. Incluso podría usar su presupuesto para el romance para comprar lencería de segunda mano. Le prometo que ni siquiera la voy a juzgar. Solamente no me lo diga, ¿está bien?

Cualquier cosa que decida hacer, déle prioridad a gastar el dinero de una manera que desarrolle el amor mutuo y mejore su intimidad. ¿Ya se siente estirada económicamente y no está segura de dónde podría venir el presupuesto para su romance? Fíjese en estas ideas para iniciar sus fondos:

- **Ahorre su vuelto.** Cada vez que usted recibe un centavo, o cinco o diez o veinticinco, póngalo en un frasco. Una vez que llena el frasco o llega una fecha específica, cuente el dinero y planifique en invertirlo en el romance.
- **Venda algunas cosas.** Libros, equipo de hacer ejercicios, decoraciones del hogar, juguetes y ropa que ya no usan los niños, artículos del hogar que nunca usa... sus cachivaches podrían ser un tesoro para otra persona. Tenga una venta de objetos usados por la Internet para empezar a recaudar fondos para el romance.
- **Establezca un porcentaje.** Cada mes, establezca un pequeño porcentaje (podría ser incluso un mínimo de 1 %) para ahorrar para el fondo hacia el enriquecimiento de su matrimonio. Cuando lleguen sus ingresos a su cuenta corriente, calcule ese porcentaje y retire la cantidad establecida. Póngala en una cuenta de ahorros o incluso en su frasco de monedas. Una versión automática de esta práctica funciona mejor.

- **Especifique una meta.** Ahorrar sin un fin específico en mente puede convertirse en una carga y sentirse como algo inútil. Ya sea que usted escoja una conferencia sobre el matrimonio, una escapada a la playa, o simplemente un restaurante nuevo que les gustaría probar juntos, establezca una meta específica para el presupuesto para su romance. Busque información acerca de dónde le gustaría ir, y, si es posible, fije una fecha en el calendario. Los planes claros producen resultados concretos.

## Venciendo las probabilidades en su contra

He aquí lo que nos encantaría más que cualquier otra cosa después que termine de leer este libro —que usted esté libre de la ansiedad económica y tenga una asombrosa intimidad con su cónyuge. Un matrimonio económicamente saludable lo llevará hacia una vida sexual excitante —nosotros creemos totalmente eso. La confianza y vulnerabilidad que usted comparta cuando se trata de dinero se transfiere a la cama. La estimulación seductora de las finanzas es un glorioso y excitante estado del ser humano y usted lo puede obtener.

Sería injusto que nosotros hiciéramos esta clase de promesa sin proporcionarle las herramientas necesarias para alcanzar metas tan nobles. Tal como lo mencionamos en la introducción, al cierre de cada capítulo, usted hallará no solo preguntas para guiar sus conversaciones, sino también actividades para fomentar la estimulación seductora de las finanzas. Esperamos que usted ya haya completado los ejercicios al cierre del capítulo 1.

Queremos volver a enfatizar la importancia de estas prácticas útiles. No podemos forzarlo a hacer lo que le pide el material. Pero le prometemos que si solo deja que su matrimonio siga su rumbo, fracasará. Para que su relación mejore, debe pasar de un hogar dividido a una unión más feliz. Hacer eso requiere trabajo y acción por parte suya.

Las probabilidades y el pensamiento convencional se amontonan en su contra. Esas probabilidades, no obstante, no son insuperables. No deje que el fracaso de otros defina su futuro económico o conyugal. Su dinero y su matrimonio están destinados para grandes cosas. El esfuerzo positivo, intencional y coordinado siempre desafía las estadísticas. Usted puede hacerlo.

Esfuércese por lograr la intimidad auténtica. Sea fiel a sus votos. Tome decisiones sabias para mantener su relación en buenas condiciones.

Invertir en su romance aplicando estos conceptos abre las puertas a la estimulación seductora de las finanzas. ¿Quién no va a querer más de eso?

## Preguntas de discusión

1. ¿Cuál es la mejor boda a la que ha asistido? ¿Cuál es la boda más rara a la que ha asistido?
2. ¿Alguna vez ha conocido a alguien que haya usado el método equivocado para lograr la intimidad conyugal (parecido al uso de los auriculares de bambú)?
3. ¿Escribió usted sus propios votos matrimoniales? ¿Qué promesas que usted hizo se volvieron más «reales» para usted después de haberse casado por un tiempo? Escriba a mano o por la computadora sus primeros votos matrimoniales. Póngalos en su refrigeradora o en el espejo del baño para recordar las promesas que usted hizo.
4. ¿Alguna vez sin querer se salió de la pista? ¿Qué pasó?
5. ¿Cuáles son algunas bandas sonoras —salvaguardas para proteger sus relaciones— que usted tiene en su

matrimonio o vida personal? ¿Cuáles son algunas bandas sonoras que serían beneficiosas usar?

6. ¿Tiene usted en la actualidad un fondo de inversión en el matrimonio? Si no lo tiene, ¿cómo podría empezar uno? ¿Cómo gastaría el dinero que ahorre?

---

## Fomentando la estimulación seductora de las finanzas

- Junto con su cónyuge, escriba sus propios votos monetarios. Dígalos en voz alta el uno al otro. Permanezcan fieles a las promesas que hagan. Renueven sus votos según sea necesario.
- Elija una cantidad de dinero que va a separar como parte del presupuesto para su romance. Escoja uno de los métodos que menciona Cherie para empezar a establecer un fondo dedicado solo para actividades que mejoren el romance y desarrollen la intimidad en su matrimonio.

CAPÍTULO 3

# ¿Cómo dijo?

## De tener diferentes opiniones

## a estar de acuerdo

━━━━━

*¿Qué?*

TODO CÓNYUGE DESDE EL OTRO CUARTO

En teoría, el proceso de la comunicación es simple. Usted habla, su cónyuge escucha. Su cónyuge habla, usted escucha. Ustedes asientan sus cabezas como robot, mostrando estar de acuerdo, y como en un mundo ideal o una película de los años 50 al estilo de *Las esposas de Stepford*, ustedes alegremente se toman de la mano y se van por el camino de la felicidad juntos. Termina la película.

Sin embargo, nosotros nunca hemos visto que la comunicación se desarrolle así en nuestro matrimonio. La verdadera comunicación entre un esposo y una esposa sobre cualquier tema —desde escoger una nueva alfombra hasta la planificación del fin de semana— camina atrevidamente hacia la tensión. Dados nuestros singulares niveles de educación, los diversos dones que Dios nos ha regalado, y nuestras relaciones pasadas, nosotros personificamos una amplia gama de opiniones, valores y sueños. La fusión de esas experiencias que marcan el alma hasta que se conviertan en un frente unido es un poquito más complicado que tomarse de la mano y salir a pasear.

En el matrimonio, nosotros nos juntamos hermosamente quebrantados, estropeados y relucientes dependiendo de la vida que hayamos vivido antes de decir: «Sí». Pensar que podríamos instantáneamente convertirnos en uno en pensamiento, alma y opinión engañosamente nos hace creer en un concepto poco real de la comunicación. Y, sin embargo, de algún modo necesitamos encontrar estrategias aceptables y eficaces para comunicar todo en la vida que compartimos, desde quién estará dónde y cuándo mañana hasta cómo será nuestro matrimonio dentro de treinta, cuarenta, cincuenta o sesenta años y más.

*La comunicación explícita reina supremamente cuando se trata de sexo y dinero.* Sin saber lo que nuestra pareja quiere, desea, espera y sueña, caemos en una fosa de suposiciones y acusaciones. Sin expresar claramente lo que queremos, deseamos, esperamos y soñamos, caemos en la desilusión y la desesperación.

Gracias a Dios, hemos visto a algunas parejas que entendieron muy bien la práctica de la comunicación explícita. Juntos, trazaron un camino hacia el pago de deudas y alcanzaron sus metas. Sus discusiones en forma regular y respetuosa sobre los gastos y el recorte de los gastos de la casa para lograr un propósito común más grande produjeron el éxito. Lamentablemente, también hemos observado comunicación poco sana sobre las finanzas entre esposos y esposas. Compras en secreto, resentimientos y acusaciones injustas hicieron que se desmoronaran sus relaciones. Frases como las siguientes rara vez traen como resultado mayor intimidad:

- ¿Compraste *otro* par de zapatos?
- ¿Quieres hacerlo?

- Es mi dinero y lo gastaré como yo lo quiera.
- Me olvidé decirte que procedí a comprar el iPhone que recién ha salido.
- Tú siempre...
- Tú nunca...
- ¿No deberías siempre de estar con ganas de tener relaciones sexuales?

Alrededor de la mitad de todas las parejas mantienen cuentas separadas para las finanzas.[1] Una de cada tres personas casadas ha mentido a su pareja acerca del dinero.[2] Por definición, mentir está clasificado como comunicación ineficaz. Separar nuestras finanzas y escoger la mala comunicación (o ninguna) nos conduce a la desconexión en nuestras vidas sexuales también. Compartimentamos lo que es mío y suyo hasta que metafóricamente estamos durmiendo en nuestras propias camas gemelas como lo hicieron los abuelos de Cherie, Hubert y Beulah. Estamos seguros de que fue solo por el dolor de espaldas de ellos, pero aún así parece bastante raro.

La combinación más buscada de palabras referente al matrimonio es «matrimonio asexual». Más de 21.000 usuarios de Google al mes escriben esas palabras en el único lugar donde la mayoría de la gente es lo suficientemente atrevida como para ser sincera: la barra de búsquedas.[3] Estas búsquedas dejan atrás tres veces al siguiente contrincante, «matrimonio infeliz». Las parejas no se están hablando acerca de sus problemas con el sexo y el dinero. ¿Pero y si lo hicieran?

La comunicación eficaz no solo le ayuda a estar en el mismo plano financieramente hablando. La comunicación eficaz lo moverá hacia la misma cama sexualmente hablando.

## Vale la pena esperar: Brian

Antes que Cherie caminara hacia el altar para encontrarse conmigo, las circunstancias me pusieron a solas en el salón sin ventanas del coro de la iglesia donde pronto nos íbamos a casar. Después de lo que parecía ser horas, el pastor de la iglesia me acompañó y guió a mi lugar al frente del santuario. Valió la pena la espera. Cautivado por su belleza y extasiado por la noción de nuestro futuro pendiente, mi corazón palpitaba con fuerza por la anticipación. Después de esperar horas a solas en una jaula de la iglesia, todavía estaba dispuesto a esperar todo lo necesario con tal de ver a Cherie caminar hacia mí. Este era nuestro día. Ella era mi novia. Yo la hubiera esperado hasta el fin del mundo.

A pesar de la extasiada anticipación, los novios son pacientes. Ningún novio está parado en el altar durante el recorrido de su novia y grita: «¡Apúrate, no tenemos todo el día!». Las novias se parecen por su paciencia. Ninguna novia se va corriendo hacia el altar como una luchadora que entra al cuadrilátero y grita: «¡Acabemos con esto!». La anticipación de una boda es excitante. La anticipación hace que valga la pena la espera.

La anticipación es una experiencia poderosa y gratificante. La mejor parte de la mañana del día de Navidad para un niño es la anticipación. Toda una subcultura cibernética está dedicada a sacar artículos de sus cajas. Usted puede encontrar seis *años* y medio de videos en YouTube, con gente llena de anticipación para abrir todo, desde artículos tecnológicos hasta juguetes.[4] Cuando usted espera y anhela un evento en su calendario, la anticipación crea gran parte del recuerdo asociado con el evento. En la relación conyugal, la anticipación y la atracción del sexo la hacen más encantadora, plena y memorable. La anticipación puede ser la mejor parte del sexo.

Con el tiempo perdemos el sentido de anticipación que saboreábamos en nuestras bodas. Restaurar ese mismo espíritu de suspenso añade entusiasmo a los sueños que comparten sobre las finanzas y los acerca fiscal y físicamente. Considere una boda. El éxito del evento depende de expectativas claramente comunicadas y entendidas. La novia camina hacia el novio. Las probabilidades de que ella salga corriendo del edificio son sorprendentemente bajas. Una multitud se pone de pie deleitándose cuando ella entra al santuario y todos los ojos están puestos sobre ella. Ella camina hacia el frente, un miembro del clero lee un determinado texto, y tanto la novia como el novio salen juntos. Los participantes de la boda también practicaron toda la ceremonia durante algo llamado ensayo.

En el ensayo, la futura pareja dialoga y ensaya paso a paso lo que va a suceder en el evento principal. A nadie le gusta las sorpresas en el día de su boda. La anticipación se convierte rápidamente en ansiedad cuando variables inesperadas entran en la ecuación. De la misma manera en que un ensayo y una comunicación clara acerca de la boda ayudan a desarrollar la anticipación de compartir una vida nueva juntos, la comunicación clara lleva a mejoras notables y la anticipación en todo aspecto de la vida de casados. Como parejas casadas, nos beneficiamos de tomar tiempo para planificar y hablar de lo que queremos que sea nuestro futuro juntos. ¿Cuánto más deberíamos utilizar las estrategias del ensayo de nuestras bodas en nuestro matrimonio —el verdadero evento principal? Cuando ustedes empiezan a planificar sus metas juntos, crean anticipación y amplifican el entusiasmo juntos a medida que se acercan a cada meta. La comunicación mejora la anticipación. En esencia, la anticipación es la estimulación seductora. A causa de su rol crucial, debemos asegurarnos de estar comunicándonos bien.

Los matrimonios se levantan o se caen dependiendo de la calidad de su comunicación. Trate a su cónyuge con mucha gracia y sepa que mejorar requiere tiempo y práctica. La comunicación exitosa también depende de la humildad de admitir que uno se ha equivocado, el valor de decir no sé, y la sinceridad para reconocer cuando uno no entiende lo que le dijo la otra persona. Cuando usted aprovecha la comunicación eficaz, usted y su cónyuge vencerán cualquier obstáculo que se les atraviese.

En algún momento después de la boda, el paciente novio, que hubiera esperado una eternidad por su novia, deja atrás su conducta paciente. La novia cambia su caminar lento y deliberado por el ajetreo de la vida cotidiana, y se olvida de lo emocionante de la anticipación.

La comunicación que se practica y que es frecuente resucita la misma anticipación asombrosa que hizo latir fuerte su corazón en el día de su boda. ¿Y si lleváramos nuestros matrimonios como si nunca hubiera terminado la procesión nupcial hacia el altar? ¿Y si regresáramos a un tiempo cuando nuestros corazones latían estrepitosamente de anticipación con la idea de pasar nuestro futuro juntos? Ese futuro armonioso con nuestro cónyuge aún lo tenemos por delante. El recorrido es continuo. Así como usted fue paciente en el día de su boda, sea paciente ahora. Él vale la pena esperar. Ella vale la pena esperar.

Podría parecer como que usted haya estado esperando una eternidad para ver al dinero de la misma forma. Las capacidades comunicativas en el área de las finanzas no se desarrollan de la noche a la mañana, pero están a su alcance y valen la pena esperar. La anticipación de tener una visión unida acerca de su dinero y su matrimonio debe volverlos locos de expectativa.

## Jugando a las Charadas: Cherie

Cuando yo era niña creía que mi papá tenía el mejor trabajo más raro del mundo. A fines de los años 70 y en los 80, él trabajaba en tecnología para una compañía que recopilaba los datos de ese libro que dejaban a la puerta de su casa. Usted ha escuchado de ello —ese viejo artefacto conocido como el directorio telefónico, que también se usa para mantener una puerta abierta. La rara vez que lo recibimos ahora, se va derechito al tacho de reciclaje. Papá pasaba sus días en un cuarto gigantesco lleno de máquinas de dos metros enrollando datos en carretes enormes de cinta. El ruido era tan fuerte que estoy sorprendida que aún pueda oír después de décadas de haber estado expuesto a los altos decibeles.

Su trabajo también incluía reparar máquinas cuando fallaban. Puesto que mi mamá no quería estar sola con una familia joven en el área rural de Indiana, a menudo toda la familia se iba con mi papá a su oficina a horas avanzadas de la noche. Recuerdo cuando correteaba en el área de trabajo, pasando con mi dedo el borde de las paredes de los cubículos, y acumulando suficiente carga eléctrica como para asustar tremendamente a mi hermano pasándole corriente cuando venía hacia mí desde la esquina. También recuerdo que me ponía a curiosear en los cajones de los escritorios de otros empleados (a quienes no habían llamado a trabajar como a mi papá) y sacar todos los sujetapapeles para poder hacer un brilloso collar. Si eso no fuera suficientemente asombroso, mi hermano y yo con avaricia agarramos todas sus ligas para poder tener una guerra total, agachándonos y levantándonos de debajo de los escritorios y lanzándonos esos largos elásticos marrones (¡ay!).

Pero las mejores provisiones de oficina en el trabajo de mi papá eran los gigantescos blocs de dibujo. Se usaban para planificar y tener lluvia de ideas en el trabajo, pero artículos como estos eran raros en las casas. Recuerde, no había cadenas de abastecedores de artículos para la oficina, y un gran vendedor minorista recién se estaba formando en nuestro pueblito. Cuando quedaba una o dos hojas en un bloc, a mi papá le dejaban traer a casa estos asombrosos e inmensos cuadernos en blanco. En las noches en que la familia se juntaba para jugar, nos reuníamos alrededor de un pedestal que él había construido para estabilizar el gigantesco cuaderno y jugábamos el clásico juego de mesa de los años 80: Gane, Pierda, o Dibuje, usando olorosos marcadores negros.

Así como Pictionary o uno de los juegos de mesa favoritos de nuestras hijas: ¿Quién?, ¿Qué?, ¿Dónde? (¡usted realmente tiene que jugarlo!), Gane, Pierda, o Dibuje es el equivalente artístico de Charadas. Sin hablar, un jugador trata de dibujar en papel un tema en particular, mientras su equipo trata de adivinar desesperadamente la respuesta antes que suene el cronómetro. Luego siguen las risas cuando aquellos de nosotros que somos menos artísticos rudimentariamente dibujamos nuestros mejores personajes de palitos, dejando a todo el público confundido sin saber qué hacer.

La comunicación en el matrimonio puede parecer un juego brutal de Gane, Pierda, o Dibuje. Un cónyuge trata de adivinar lo que el otro está tratando de decir. Nos sentimos avergonzados por la dificultad y nuestra incapacidad de transmitir y recibir el mensaje. Frecuentemente, empezamos otra vez, pero utilizamos exactamente los mismos métodos dibujando la misma imagen mientras le hacemos círculos y señas con frustración, desconcertados por qué el otro no puede adivinar lo que estamos tratando de dibujar. Gemimos, ponemos los ojos en blanco, y volvemos al tablero, añadiendo un nuevo detalle a la imagen. El proceso nos agota, y sin cronómetro que ponga fin al juego, el ciclo se repite una y otra vez.

Un matrimonio marcado por la estimulación seductora de las finanzas requiere que aprendamos a verbalizar en un mundo que se está volviendo cada vez más y más no verbal. Estos días, yo hablo por teléfono solo con tres personas: mi mamá, Brian y mi amiga Tricia. Hasta mis textos se han vuelto menos verbales. Yo uso emoticonos y GIF para transmitir lo que probablemente podrían ser párrafos de palabras. No me malinterprete. Enviar textos es una gran herramienta cuando usted está casado. Ayuda a decidir quién va a recoger a los chicos y lo que se ha preparado para la cena. Enviar textos nos permite transmitir dulces mensajes de amor en medio de un día mundano o hacer una pregunta importante y breve. Sin embargo, enviar textos no es hablar. Y si anhelamos pensar de la misma manera financieramente, tenemos que aprender a hablarnos usando palabras reales, frente a frente, no con emoticonos sonrientes sujetos a interpretación.

Pero no piense que se pueda zafar hablando con una voz de robot. Su contexto y tono son tan importantes como las palabras que se hablan. ¿Sabía usted que el 85 % de la comunicación en persona es no verbal?[5] Desde la manera en que posiciona su cuerpo, hasta el movimiento de sus ojos, el sonido de su voz cuando habla, están diciendo mucho más de lo que usted cree. De hecho, he aprendido a duras penas que *la manera en que usted dice algo importa más que lo que en realidad dice.*

Fíjese por ejemplo en las palabras *Lo siento.* Cuando se dice con un tono sincero, esta frase expresa remordimiento y lamento, tal vez incluso posible arrepentimiento o un cambio de conducta. Sin embargo, cuando se dicen a la fuerza entre nuestras dos hijas que se han lastimado por una payasada, se perciben con un significado totalmente distinto. Los dientes desafiantes, brazos cruzados y murmullos entre dientes sugieren que las palabras fueron menos que sinceras y sin ningún remordimiento o lamento. Por supuesto nuestros hijos son perfectos y jamás se hablarían de esta manera o terminarían en una situación que requiera que nosotros como padres apliquemos ese castigo. Es hipotético. Además, fíjese cómo el tono de mis palabras (ejem... sarcástico) cambia todo el significado de las últimas dos oraciones.

El autor Truman Capote escribió las palabras: «La tranquilidad de su tono subrayó la malicia de su respuesta».[6] Su tono de voz transforma las palabras que usted usa más rápido que usar todas las palabras en mayúscula en un tuit o un informe de actualización. No subestime el poder del sonido de lo que usted dice en el contexto de la comunicación dentro de su matrimonio.

De la misma forma, recibir las palabras de su cónyuge puede ser igualmente importante. Un sabio filósofo (o un meme de la Internet) que una vez leí dijo que es importante «escuchar con los ojos». Las palabras revolotearon en mi mente durante días, y empecé a cuestionar si yo escuchaba con mis ojos cuando Brian me hablaba. Sé que algunas veces (pero no todas), lo hago. También sé que algunas veces (pero no todas), no lo hago. Yo me di cuenta de esto una vez cuando Brian gentilmente sugirió que le gustaría quitarme el teléfono y aventarlo a la calle delante de nuestra casa si no alzaba mi mirada y lo reconocía hablándome. ¡Uy!

Seamos totalmente atentos cuando nuestros cónyuges están tratando de hablar. Que no haya cabezas metidas dentro de aparatos, ni que se preste atención a lo que estábamos haciendo antes que él o ella entrara a la habitación. Nuestro lenguaje corporal, atención y activa capacidad auditiva determinan futuras conversaciones. Por experiencia propia, sé muy bien que esta no es una tarea fácil. Nuestras conversaciones en la cocina a menudo se interrumpían con el ruido del timbre del reloj de la estufa, los hijos pidiendo ayuda con sus tareas, música de fondo, cosas que se caen y una vez (bueno, tal vez dos) cosas quemándose. Oiga, no soy Julia Child. Es un reto en la vida real. Por esta razón, cuando Brian y yo tratamos de tener una conversación seria, intentamos reservar esos momentos de comunicación para las veces en que la distracción es mínima.

Lo ideal es que cualquier conversación sobre el dinero y/o presupuesto ocurra después que nuestras hijas se hayan ido a dormir. Apagamos nuestros aparatos electrónicos, los ponemos en otro cuarto y nos miramos de frente. A veces ponemos nuestras manos con las palmas hacia arriba —un gesto físico indicando mutua franqueza y el intento por dejar ir los deseos egoístas. Estos pequeños actos físicos preparan nuestros corazones, almas, mentes y cuerpos para auténticamente interesarnos el uno por el otro.

Cuanto más comunicamos con nuestros cuerpos y nuestras palabras sobre nuestras finanzas, más abiertos estamos cuando se trata de sexo también. Es tentador separar estas áreas distintas de nuestro matrimonio, relegando nuestro dinero a un archivo en el gabinete de nuestro matrimonio y la intimidad en otro. No obstante, en algunas ocasiones cuando nos hemos ido a la cama después de haber discutido sobre el dinero porque no habíamos practicado la comunicación inteligente (¡ay! dejamos que se ponga el sol sobre nuestro enojo), nos hemos encontrado agarrándonos de los correspondientes filos de la cama. Pusimos todo el espacio físico posible entre nosotros, reflejando la inmensa brecha tosca entre nuestros corazones. ¿Quizás usted ha experimentado esto también?

Mire, yo lo entiendo. La comunicación y el matrimonio no son tan sencillos como el juego Gane, Pierda, o Dibuje. Uno no puede añadir una marca al puntaje de su «equipo» en un cuaderno gigantesco con cada conversación exitosa. Y a veces nadie gana. Pero la batalla de aprender a transmitir y recibir mensajes, con el tiempo, produce resultados positivos para con su dinero y su matrimonio. Lo que una vez se sintió incómodo y frustrante se vuelve más natural y productivo.

Aun después de décadas, todavía puede tener sus momentos torpes y divertidísimos cuando se trata de hablar de sexo y dinero. No pierda las esperanzas. Repito, la estimulación seductora de las finanzas lleva tiempo, práctica, humildad y sobre todo paciencia.

## Siete cosas que decir a su cónyuge para mejorar el estado de su dinero y su matrimonio

Fomentar la estimulación seductora de las finanzas no es para debiluchos. La comunicación es la clave. Estas siete frases intencionales mejorarán su dinero y su matrimonio cada vez que las decimos.

### 1. Va a estar bien.

¡A veces el manejo del dinero da miedo! Algunos de nosotros perdemos la cabeza y tememos lo peor —que perderemos nuestras casas, nuestra salud, nuestros matrimonios y más. Usted necesita tranquilizar a su cónyuge y decirle que *va a estar bien*. No importa qué obstáculos usted enfrente, o cuán herido y golpeado se pudiera sentir su corazón, siempre hay esperanzas. Ayude a su cónyuge a evitar que esté asustado repitiendo estas cinco palabras simples.

### 2. Te amo.

Viaje a través del tiempo hacia el pasado (use los efectos de sonido de Scooby-Doo si es necesario). ¿Recuerda cuando caminó al altar? ¿Cómo su corazón latía con esas fuertes emociones? ¿Recuerda cuando dijo «Sí»? La estimulación seductora de las finanzas requiere el regreso a un lugar de abrumador amor y adoración. Lo más fácil es culpar a la gente más cercana a nosotros por todos nuestros problemas. Y es especialmente difícil decir «Te amo» cuando puede que la otra persona en realidad contribuyó a esos problemas. Todos nosotros somos parcialmente responsables de nuestros apuros económicos. No apague su corazón. Recuerde que usted escogió a su cónyuge y que su cónyuge la escogió a usted. Regrese a sus votos. Diga «Te amo» con frecuencia y sinceridad.

### 3. Tú importas más.

Es tentador enredarse con la búsqueda del pago de las deudas o ahorrar para el futuro y perder de vista por qué está haciendo lo que está haciendo. La tentación se amplifica dentro de una relación conyugal. Haga una pausa y tome tiempo para decirle a su cónyuge que él importa más que cualquier meta económica. Si bien llegar a tener una economía sana es una búsqueda noble, todavía va a querer estar casado al final de la travesía. La gente siempre es más importante que las cosas. La gente —especialmente los esposos y las esposas— tienen la prioridad.

### 4. ¿Cómo estás?

Usted necesita rutinariamente saber cuál es el estado emocional de su esposo o esposa. Los grandes esfuerzos económicos son emocionalmente extenuantes. Mientras nosotros estábamos pagando nuestra deuda, movíamos ampliamente los péndulos emocionales (¡nosotros sentimos de *todo*!). Cuide de su cónyuge y hágale esta pregunta simple. Tal vez no tenga la menor idea de su estado actual.

### 5. Gracias.

Apreciar las contribuciones de su cónyuge a las finanzas de su hogar sopla vida a su matrimonio. Tal vez él trabaja largas horas. Quizás ella pasa más tiempo sola con los hijos debido a esas largas horas. Tal vez ella recorta los gastos en cada área del presupuesto. Tal vez ustedes dos sacrifican tiempo recreativo. Afirme los sacrificios del uno y del otro para mejorar el estado de su dinero y su matrimonio. Asegúrese de hacer una pausa, mire a su cónyuge a los ojos, y dígale gracias.

### 6. ¿En qué te puedo ayudar?

El autor y pastor Andy Stanley propone que esta es la pregunta más poderosa en el universo. Nosotros creemos que esta pregunta podría salvar su matrimonio. Preguntar «¿En qué te puedo ayudar?» le da a su cónyuge espacio para respirar y demuestra su deseo de usar favorablemente sus dones y habilidades para hacer avanzar las búsquedas personales de ella. Si su cónyuge contesta la pregunta, asegúrese de darle seguimiento.

### 7. Soñemos a lo grande.

Soñar a lo grande cautiva nuestros corazones. Con el transcurso de los años, preguntas como «¿Qué haríamos con nuestro dinero si no lo estuviéramos metiendo tanto en pagos, intereses y deudas?» nos motivaba. Soñar a lo grande nos permite visualizar un futuro para nuestra familia, la comunidad y el mundo, donde podemos hacer cosas divertidas, ser generosos y marcar la diferencia. ¿A dónde iría? ¿De qué manera sería distinto el futuro de sus hijos? ¿Cómo podría usted transformar su comunidad o incluso el mundo? Sueñe a lo grande.

## Todo lo que necesitamos es un poquito de paciencia: Brian

Cuando la joven se me acercó después de un servicio de la iglesia llena de lágrimas en los ojos, yo no sabía qué decir. Cherie y yo recién terminábamos de hablarle a una gran congregación y estábamos saludando a la gente que había venido a la firma de libros después del servicio. Compartimos nuestra historia del pago total de las deudas y cómo Dios trabajó en nuestros corazones más que en nuestras finanzas. La joven que había estado llorando se dio cuenta de algo que le pareció que la descalificaba de tener una vida libre en las finanzas. Cherie y yo trabajábamos juntos. Reteniendo un llanto incontrolable, confesó que ella y su esposo no estaban de acuerdo con sus creencias o sus finanzas. Lamentablemente, yo carecía de respuestas adecuadas y el tiempo requerido para evaluar su pregunta. Así que le pasé la pelota a otro. Un anciano de la iglesia de pantalón color caqui me llamó la atención, y yo le llevé a la mujer de espíritu quebrantado para restauración y consejería sabia y continua. Mi incapacidad de responder nunca me hizo sentir bien. Lo que más me molesta son las innumerables preguntas parecidas que hemos recibido en los últimos años.

Ya sea a través de los medios sociales o en conferencias, la pregunta más común y difícil de contestar que recibimos refleja una versión de: «¿Cómo logro que mi esposo esté de acuerdo en los asuntos de dinero?». Durante años oré por una réplica concisa y sagaz. Oré para que no volviera a dejar en el aire a otra alma triste y quebrantada. Afortunadamente, Dios, como siempre lo hace, tenía la respuesta esperando por mí todo ese tiempo.

> Y no solo en esto, sino también en nuestros sufrimientos, porque sabemos que el sufrimiento produce *perseverancia*; la perseverancia, entereza de carácter; la entereza de carácter, esperanza. Y esta esperanza no nos defrauda, porque Dios ha derramado su amor en nuestro corazón por el Espíritu Santo que nos ha dado.
>
> ROMANOS 5.3-5 NVI (ÉNFASIS MÍO)

Esa palabra, *perseverancia*, saltó de la página a pesar de haber leído el pasaje antes. El punto de partida para resolver problemas, incluyendo problemas con el dinero y el matrimonio, empieza con una perseverancia apasionada. Nosotros *siempre* estamos rodeados de problemas en este mundo. A menudo nos sentimos encerrados, atrapados y desesperados, especialmente cuando se trata de nuestras finanzas. Sus sentimientos atribulados se agravan cuando parece que su cónyuge sigue en desacuerdo con las finanzas.

Usted es el ahorrista; ella es la derrochadora.

Usted es la que planifica a largo plazo; él es el tipo que lo hace a corto plazo y para cada día.

Ambos se sienten como que no están obteniendo los resultados deseados, como que están haciendo esta cuestión monetaria solos.

Usted podría confundir el «problema» al que se refiere este pasaje con su cónyuge. Sin embargo, la presión económica o la falta de margen de ganancias en sus vidas es el problema, *no* su esposo o esposa.

## Cómo desarrollar una perseverancia apasionada

*La perseverancia apasionada forja el acero templado de la virtud.*

Me encanta esa frase porque, un dato divertido: aparte de ser uno de los materiales de construcción más fuertes, el acero se estira más que un chicle con músculos relajados. El acero es en realidad más elástico que el caucho. A través de la perseverancia apasionada, cada uno de nosotros crece —estirándose como el acero— en fortaleza y carácter. La fortaleza de carácter lo mantiene alerta de la inminente revelación del plan de Dios para su vida. Esta expectativa alerta, arraigada en la inquebrantable fidelidad de Dios, nos entusiasma y nos obliga a entrar en acción. Invariablemente, la perseverancia apasionada produce contentamiento. Romanos 5 es la suave amonestación de Dios en contra de estar consumido por las posesiones y los tesoros de esta tierra porque ya se nos ha colmado de dones del Espíritu Santo. Ni siquiera podemos contener todo lo que nos ha dado Dios, y las posesiones terrenales palidecen comparado con los dones divinos.

La perseverancia apasionada conlleva esperar activamente. La pasión y la perseverancia tienen su origen en la misma palabra raíz —un verbo que significa «sufrimiento». La connotación de que esperar por nuestro cónyuge requiere sufrimiento no es agradable o popular en nuestra cultura basada en la comodidad. No obstante, poseer una disposición continua hacia el sacrificio por su esposo o esposa inspira un cambio de corazón en su cónyuge hacia el dinero. En última instancia, *su* corazón y *su* conducta deben cambiar antes que empiece la transformación de su cónyuge. Sus grandiosos o incluso solemnes actos de prudencia económica y ofrecerse a sí mismo tampoco serán ignorados por Dios.

Desarrollar una perseverancia apasionada quita el enfoque en lo que usted quiere que su cónyuge haga y lo pone exactamente donde debe estar: en lo que usted está haciendo. El sufrimiento —morir a uno mismo por el bien de otro— representa el evangelio. La perseverancia apasionada refleja una disposición a sufrir por el bien de otra persona y confianza en que Dios está trabajando en esa otra persona. Muéstrele a su cónyuge que usted está apasionado por él/ella y que delicada y activamente esperará el tiempo que se requiera hasta llegar a estar de acuerdo.

Pero sufrir por el bien de culpar a su cónyuge viene a ser nada más que autodesprecio, orgulloso y ascetismo moral. *El verdadero sacrificio surge solamente desde una perspectiva de amor y compromiso perdurable.* La perseverancia apasionada requiere una introspección desgarradora que escudriña el alma. Hágase preguntas difíciles orientadas a una espera más activa.

- ¿Cómo está cambiando usted?
- ¿Qué sacrificios económicos ha hecho usted?
- ¿Qué límites ha puesto en su propia vida para promover la responsabilidad fiscal y la fidelidad conyugal?
- ¿En qué forma ha puesto las necesidades de su cónyuge por encima de las suyas de una manera dramática y continua durante un largo período de tiempo?
- ¿Ha tratado o hablado con su cónyuge con el acero templado de la virtud cuando está lidiando o hablando de las finanzas?
- Usted está y siempre ha estado dispuesto a hacer sacrificios por su familia, pero ¿está realmente dispuesto a cambiar su relación con el dinero? ¿Especialmente si su cónyuge no cambia?

La perseverancia apasionada le alerta del momento en que Dios suaviza el corazón de su cónyuge y prepara el camino para una conversación fundamental acerca del dinero. Con una perseverancia apasionada, usted, a través de sus propios cambios y continuo movimiento, animará a su cónyuge para que se le una en un viaje hacia la salud económica y la unidad. Con una perseverancia apasionada, su cambio de actitud hacia el dinero, acoplado con su cambio de actitud hacia su cónyuge en el transcurso del tiempo, moverá a ambos a tener la misma mentalidad económica.

Nuestra amiga Joy McClain, autora de *Waiting for His Heart: Lessons from a Wife Who Chose to Stay* [Esperando a su corazón: Lecciones de una esposa que decidió quedarse], sabe que la peseverancia apasionada prevalece. Después de décadas de lucha, su esposo abandonó la adicción y la escogió a ella, regresando a sus votos matrimoniales. Joy esperó apasionadamente. Dios hizo su aparición. Más de un lector de *Slaying the Debt Dragon* envió un correo electrónico para compartir los inicios de un viaje a solas para acabar con las deudas. Los que una vez fueron cónyuges escépticos estuvieron de acuerdo después de ser testigos de los efectos de la perseverancia apasionada. Incluso en nuestra historia, Cherie y yo nos pusimos de acuerdo solo después que esperé pacientemente mientras que primero cambiaba mis propios hábitos del gasto y manejo del dinero.

## Consejos de la estimulación seductora de las finanzas para llegar a estar de acuerdo

Hay algunos pasos básicos que usted puede tomar mientras espera activamente a su cónyuge. Sus cambios personales sin palabras dicen mucho de la profundidad de su amor por su cónyuge, su disposición al sacrificio, y su compromiso a largo plazo con la mejora económica.

1. **Corte en pedazos su tarjeta de crédito.** Los estudios muestran que uno gasta hasta un 50 % más cuando usa crédito en vez de dinero en efectivo.[7] Especialmente si ha sido un defensor tradicional de la tarjeta, esto comunica un cambio y su compromiso con su cónyuge. Desmenuzar lo que está en su billetera erradica la capacidad de gastar dinero que no se tiene.

2. **Deje de comprar ese cafecito de costumbre.** Si su hábito regular cuesta dinero, ya sea café, bebidas gaseosas, o la suscripción a una revista favorita, silenciosamente haga un cambio.

3. **Lea libros sobre las finanzas personales.** Eliminar los gastos extras hace maravillas, pero añadir hábitos positivos a su vida ayuda igualmente. Si no tiene dinero para comprar un libro, saque uno de la biblioteca. ¿No sabe dónde empezar? Vea la lista de Brian de lecturas favoritas en la Guía de *Su dinero, su matrimonio* por la Internet (se encuentra en www. yourmoneyyourmarriage.com/guide).

4. **Invierta en su cónyuge.** Busque formas de servir y apoyar el crecimiento de su esposo o esposa. Invertir en su crecimiento espiritual, físico y emocional conduce a decisiones positivas en otras áreas de la vida, incluyendo las finanzas y el romance. Parte de mi trabajo como esposo me permite el privilegio de servir a Cherie para que sea la mejor versión de Cherie posible. Sirva a su cónyuge de la misma manera.

5. **Que cada palabra que salga de sus labios sea con amor.** Antes de hablar, haga una pausa y reflexione en cómo las palabras que está usando sobre las finanzas pueden afectar a su cónyuge. Entienda que ustedes dos procesan la información en forma diferente.

6. **Acepte que usted puede ser el problema.** Llegar a estar de acuerdo con el dinero puede requerir que usted se mueva. No funcione bajo la suposición de que su cónyuge debe ceder a usted. Su posición no es más importante que su matrimonio o su cónyuge.

7. **Establezca la atmósfera.** Crea ambientes, datos actuales y comunique de una forma que anime a su reacio cónyuge a participar en la vida económica que comparten.

8. **No manipule.** La manipulación no es la misión. La manipulación nunca cambia el corazón y no promueve el verdadero cambio.

9. **Cambie los marcos de referencia.** La educación económica no conduce a la transformación económica. En vez de educar a su cónyuge, plantee la figura económica de manera distinta. Frases como: «Necesito tu ayuda» y «Hagamos esto juntos» va más allá que «Esto es lo que necesitas saber» o «Esto es lo que vas a hacer».

## Las acciones valen más que las palabras: Cherie

Andrew Carnegie dijo: «Conforme envejezco, pongo menos atención a lo que dicen los hombres. Solo observo lo que ellos hacen».[8] Las palabras rebotan hacia adentro y hacia afuera en nuestros oídos todo el día. Recorremos nuestras pantallas electrónicas, leyendo lo más reciente de nuestros amigos. Prendemos Netflix y nos ponemos al día con el diálogo entre nuestros personajes favoritos. La letra de las canciones flota por el aire y llega a nuestros cerebros. Damos instrucciones a nuestros hijos y pronunciamos palabras de aliento a una amiga. Hablamos y hablamos con mamás, mentores, o consejeros, desahogando nuestras quejas y tratando de resolver nuestros problemas. A veces ya no quedan palabras que decir y otras veces no importa lo que digamos o cómo lo digamos, porque nuestro mensaje cae en oídos sordos.

Quizás es más importante en estos momentos dejar de hablar por un rato, tomar un profundo respiro y luego hacer una movida. Hablar es esencial para un matrimonio sano; sin embargo, a veces hablar no vale gran cosa. Las palabras se desbordan de nuestros labios y, debido a sus propios bloqueos mentales personales o pasadas promesas rotas, nuestros cónyuges no pueden oírlas o recibirlas. Nosotros necesitamos *hacer* algo.

Brian argumentó de manera bastante convincente cuando empezó a visualizar el pago completo de todas nuestras deudas. Yo escuché un poco. Sin embargo, una simple acción me acercó poco a poco a la idea. Un día me dijo que había decidido dejar de llevar nuestra única tarjeta de crédito activa en su billetera; en cambio la puso en un cajón del escritorio. Después de todo, *solamente* teníamos esa tarjeta de crédito en particular para emergencias. No es probable que surja una emergencia en Home Depot o en Taco Bell. Así que si realmente la necesitábamos usar, tendríamos acceso a ella. Sin embargo, él puso una distancia deliberada entre su billetera y la tentación de comprar algo que no estaba a nuestro alcance. A Brian le encanta la expresión: «Si juegas con serpientes, de seguro te morderán», y este simple acto de subversión económica removió eficazmente una serpiente cascabel de su bolsillo derecho.

Nota: Brian no tuvo una ceremonia en la que cortó dramáticamente en un millón de pedazos nuestras tarjetas de crédito. Él no reventó esa Target Visa con petardos o la puso en los rieles de un tren para dejar que la arrollara una locomotora. Brian no lo convirtió en gran cosa dando un discurso *ni* me forzó a que tomara las mismas medidas. Como resultado, su pequeño gesto silencioso dio vueltas en mi cabeza durante días.

Alrededor de un mes después, durante un momento en casa sola, saqué de mi cartera mi tarjeta de crédito correspondiente y la puse en el cajón del escritorio junto a la suya. De ahí en adelante, me rehusé a volver atrás. Nunca más volví a llevar una tarjeta de crédito en mi cartera. Pasamos de tener diferentes opiniones a estar de acuerdo al cerrar ese cajón de imitación de caoba con manija de latón colgante. Al final cancelamos la cuenta y cortamos esas tarjetas sin bombos y platillos. Si no hubiera sido por el primer paso de Brian, tal vez nos hubiéramos quedado esclavizados a la deuda de la tarjeta de crédito.

*Si bien las palabras son esenciales para la estimulación seductora de las finanzas, las acciones llevan a la verdadera transformación.*

Supongo que usted podría pensar: *Eso está muy bien para ustedes dos. Pero, nosotros ni siquiera tenemos una tarjeta de crédito que poner en un cajón de la casa.* No se preocupe. Con el transcurso de los años, yo recopilé una lista de acciones que tanto los esposos como las esposas podrían *hacer* el uno por el otro mientras pagan las deudas. Aunque sinceramente, son medidas inteligentes para cualquier pareja casada, independientemente de su situación económica actual, para crecer y fortalecer una relación sana. Empezaremos con los hombres. Sin embargo, damas, no dejen de prestar atención. Su lista de ideas ya viene después.

## Pasos de acción para que los esposos fomenten la estimulación seductora de las finanzas

### Salga con ella

Pasar el tiempo juntos no requiere gastar dinero. En efecto, algunas de nuestras citas más memorables costaron muy poco dinero. Salir a pasear, ver una película que escogimos juntos en la biblioteca, o ir a la tienda de comestibles y escoger una caja de medio galón de helados son todas las cosas que hicimos y son opciones viables para usted también.

### Sorpréndala

Seguir un presupuesto estricto puede parecer como que está tirando por la ventana la espontaneidad. Después de todo, no hay escapadas románticas arrolladoras de último minuto cuando todo su dinero extra se ha dedicado al pago de las deudas o al ahorro para una meta específica. Pero usted no tiene que traer a casa flores caras o alguna joya popularizada en masa del centro comercial. Piense en términos sencillos. Escriba una nota y déjela en el asiento de su carro. Lave una tanda de ropa sucia. Escriba palabras de amor con tiza en la entrada de la casa. Deje el dibujo de un corazón con sus iniciales en el espejo del baño lleno de vapor. No reserve los pequeños mensajes y muestras de amor solo para los feriados o cumpleaños. Espárzalos a lo largo de sus vidas cotidianas juntos.

### Apague la TV

Hay seis años de diferencia entre nuestras hijas. Sin embargo, en algún momento durante cada uno de sus años como niñas pequeñas, ellas hacían exactamente lo mismo. Ambas abrazaban la caja grande en nuestra sala y exclamaban: «Te amo TV», cuando tenían alrededor de tres años. ¿Podemos decir que fallamos como padres? Lo sé. La TV y sus pequeños personajes nos brindan un alivio a todos nosotros después de un día largo y estresante. Pero a veces es bueno apagarlo. Nota: esto se recibe mejor si apaga la tele durante un programa que usted escogió, no ella. Preparen un bocadillo juntos, participe en un juego, hable de recuerdos de la infancia. Hay bastante que hacer en vez de desconcentrarse. Mirarse fijamente a los ojos siempre conduce a una intimidad más profunda. Mirar fijamente al televisor típicamente conduce a quedarse dormido en el sofá.

### Dígale que la ama y la aprecia

Yo sé que dije que esta sección se iba a enfocar en las acciones en lugar de las palabras. Sin embargo, sería negligente si no pusiera este poquito de sabiduría en la lista. Las conversaciones importantes sobre el dinero tienden a enfocarse en qué hacer y qué evitar. Las conversaciones diarias están cargadas de detalles por necesidad. Después de todo, si no compartiéramos esas fechas y horas importantes, nuestros chicos se quedarían atrás en la escuela y nadie comería. No obstante, es importante recordarle a su esposa con regularidad cuánto la valoriza.

Cuando al principio empezamos a pagar las deudas y a estar de acuerdo con las finanzas, Brian trabajaba largas horas. Como ama de casa, me sentía como que aportaba muy poco al proceso. Es bastante fácil descartar su rol cuando todo lo que ve son kilómetros de pañales sucios y montones de ropa sucia hasta el techo. Cuando Brian fue lo suficientemente osado para intervenir y decir: «Gracias por estirar el presupuesto de los comestibles para hacer esta comida» o «Me encanta que te hayas comprometido a cuidar a nuestros hijos a tiempo completo», mi corazón cantaba. No todas las mujeres eligen el mismo camino. Ella puede quedarse en casa, trabajar desde la casa o trabajar fuera de la casa. Pero todas las mujeres necesitan saber que lo que están haciendo es importante y que sus esposos las adoran. Decir «Te amo y te aprecio» una vez al día es el punto de partida, no la llegada final.

### Ayúdela a tener tiempo para sí misma

Probablemente usted se enamoró de la mujer que comparte su cama y cuenta bancaria debido a su singular espíritu. La vida de casada y la maternidad desgastan su singularidad, mientras los calendarios se llenan de citas, listas de quehaceres y obligaciones. Usted puede mostrar activamente amor por su esposa animándola a hacer cosas que alimenten su alma. Para algunas mujeres esto podría ser una noche para mujeres, para otras podría ser simplemente tener tiempo suficiente para bañarse sin deditos asomándose debajo de la puerta del baño. Una solitaria taza de café con un buen libro o una carrera de ocho kilómetros han sido algunos de mis favoritos en los últimos diecinueve años de matrimonio. Ayúdela a renovar su alma y vea cómo eso renueva su matrimonio.

Cada matrimonio es singularmente distinto, y cada esposa tiene sus propias necesidades. Pero espero que estas ideas generalizadas provean un trampolín para los esposos que están tratando de volverse creativos y practicar más «las acciones valen más que las palabras».

## Pasos de acción para que las esposas fomenten la estimulación seductora de las finanzas

### Muéstrele amor

Su esposo tiene ansias de afecto. El toque físico constante combinado con palabras de afirmación expresa sus verdaderos sentimientos. Róbele un beso cuando nadie está mirando. Susurre «Te amo» en su oído. Pellízquele o déle una palmadita mientras él camina. Dígale que está haciendo un gran trabajo como esposo, padre y amigo. Sus acciones lo animarán a dirigirse hacia la grandeza e inspirarán una conexión más profunda.

## Interésese en lo que a él le interesa

Menos mal que usted y su esposo no son gemelos. Sus intereses y pasiones varían. Invierta en su hombre informándose lo que pueda acerca de su pasatiempo favorito. Infórmese sobre deportes, cacería, carros, reparaciones del hogar, o cualquier cosa que lo motive. Impresiónelo con su conocimiento o simplemente pasen tiempo juntos haciendo lo que a él le gusta. Cuando usted se interesa en lo que a él le interesa, usted le muestra que lo que a él le encanta le importa a usted y que él le es importante también.

## Arriésguese siendo provocativa

Aproveche su espíritu aventurero. La espontaneidad y el inicio del romance desarrollan anticipación y mejora la intimidad. Envíele un texto excitante en pleno día. Ponga a escondidillas prendas íntimas en su maletín. Muéstrele el seno fugazmente cuando menos lo espere. Escriba su plan para tener romance y luego cúmplalo. Recíbalo en la puerta con una gran sonrisa y sin tener puesto encima nada más. Trate de ruborizarlo o sorprenderlo. Él estará excitado de verla, y probablemente ambos soltarán unas risitas, pero actos de coquetería al azar conducen al romance picante.

## Afirme su vocación

Así como usted, su esposo anhela saber que lo que hace tiene importancia. Para algunos hombres, la carrera escogida y la vida laboral tienen gran peso. Es fácil para todos nosotros enredarnos con la vida cotidiana sin reconocer las largas horas que trabaja nuestro esposo. Muestre su gratitud por su contribución a su hogar escribiendo una nota. Reconozca lo difícil que es su trabajo. Confirma que él marca la diferencia por medio de sus acciones en el trabajo y el hogar. Levántele el ánimo y comuníquele gratitud. Dé validez a su profesión. Su afirmación mejora su actitud hacia la fastidiosa rutina diaria y le ayuda a reconocer que él cuenta.

### Dígale como usted se siente

Si usted está sintiendo algo, tiene que decírselo a su esposo. Tome tiempo para comunicar sus emociones, aun si se siente desanimada o asustada o confundida o abrumada. Mírele a los ojos y diga las palabras que usted quiere que él sepa. Hágale saber específicamente cómo él puede ayudarla. Su esposo anhela saber lo que él puede hacer para amarla bien. Ayúdelo a entender con sus palabras. Vaya más allá de la conversación casual y actúe ahondando. Empiece un camino a la comunicación clara y amorosa con su esposo siendo sincera y vulnerable.

Una vez más, hay muchas otras formas de transmitir su amor por su hombre. Sus necesidades son tan diversas y singulares como las suyas. Pero vaya más allá de decir algo y realmente *haga* algo.

## Comunicación cuidadosa

Hace unos años nosotros empezamos a pasar toda nuestra comunicación por un filtro. Nos hacíamos una pregunta clara y simple.

*¿Estoy hablando con amor o estoy vociferando?*

¿Está contribuyendo al bienestar total de mi cónyuge lo que voy a decir? ¿Le edificarán mis palabras? ¿Estoy valorizando la creación de Dios y su plan en la forma en que trato a mi esposo/esposa? O simplemente estoy desfogándome, poniendo a la otra persona en su sitio, y satisfaciendo mi necesidad de tener la razón. No hay que ser un genio ni es una idea revolucionaria, pero este filtro sencillo cambió las cosas para nosotros... la mayoría del tiempo.

Estamos lejos de ser perfectos cuando se trata de comunicación y estamos seguros de que nuestros hijos podrán documentar este hecho durante años. Aún nos quedamos cortos, nos malentendemos, e incluso nos maltratamos con nuestras palabras. Es fácil cometer errores cuando se pasa tanto tiempo juntos en forma regular.

No se engañe pensando que todos los demás dominan a la perfección esta cuestión de la comunicación (o este matrimonio incluso) mientras usted y su compañero tambalean. Pero saber que usted no es perfecto (y que su cónyuge tampoco lo es) cuando se trata de comunicación no es suficiente. Todos nosotros necesitamos dirigirnos hacia el cambio de nuestros patrones y conductas para acercarnos cada vez más.

Si queremos estar de acuerdo en las finanzas, tenemos que comunicarnos. Y las destrezas comunicativas eficaces que desarrollamos fomentan la estimulación seductora de las finanzas. Pasar de ideas contrarias a la misma opinión requiere paciencia y propósito. Ser paciente e intencional no solo le ayuda a cuadrar los libros, sino que trae satisfacción en la cama. Conocer las necesidades del uno y del otro y decir mutuamente lo que uno quiere son principios que no solo estimulan su perspectiva económica, sino que también encienden el fuego debajo de las sábanas.

## Preguntas de discusión

1. ¿Recuerda usted cuando esperó a su cónyuge en el día de su boda? ¿Dónde estaba usted y cómo se sintió?

2. ¿Ha jugado alguna vez un juego como Gane, Pierda, o Dibuje en el que necesitaba transmitir un mensaje sin palabras? ¿Tuvo éxito? ¿En qué forma nuestro lenguaje corporal, tono de voz, y contexto fomentan o rompen las discusiones financieras en el matrimonio?

3. ¿Cuál es el tiempo más largo que usted ha esperado haciendo cola (piense en un parque de

diversiones, conciertos, la compra de algo, o en un restaurante]?

4. ¿Alguna vez le ha recompensado en las finanzas el ejercer la paciencia? ¿Cuándo su cónyuge ha sido paciente con usted?

5. ¿Qué pasos de acción para fomentar la estimulación seductora en las finanzas han hecho un impacto en su matrimonio en el pasado? ¿Cuál de ellos debe tomar en forma más intencional con regularidad?

6. ¿Cómo podría el filtro «*¿Estoy hablando con amor o estoy vociferando?*» cambiar las palabras que usted le dice a su cónyuge?

---

## Fomentando la estimulación seductora de las finanzas

- Escoja uno de los pasos de acción para fomentar la estimulación seductora de las finanzas y enfocarse en implementarlo cada día esta semana.

- Brian y Cherie hablaban de cómo los grandes sueños fueron motivadores para su travesía de pagar totalmente sus deudas. Genere una lluvia de ideas y haga una lista de grandes sueños económicos con su cónyuge: pagar totalmente las deudas, ir de vacaciones, comprar una casa nueva, ahorrar para la jubilación, pagar los estudios universitarios de sus hijos. Escríbalos en una hoja grande de papel. Proclamen esa hoja juntos y oren por sus sueños.

## CAPÍTULO 4

# ¿Dijo divorcio?

## De apartarse cada vez más a estar plantados juntos

---

*Usted no puede ganar un argumento.*
*No puede porque si lo pierde, lo*
*pierde; y si lo gana, lo pierde.*

**DALE CARNEGIE**

Nos sentamos en el sofá viendo las noticias nacionales, apenas prestando atención. La mayoría de titulares pasaban sin que lo notáramos. Mientras el presentador televisivo cerraba el programa de treinta minutos, introdujo una historia de interés especial. Su expresión chistosa indicaba el intento de la cadena de restaurar esperanza en la humanidad o por lo menos poner una sonrisa en el rostro del televidente.

Conforme avanzaban las noticias, el segmento acerca de un hombre y una mujer que vivían en una casa alquilada en Utah nos cautivó. La noche en que el esposo estaba afuera, una roca gigantesca que estaba cerca rodó cuesta abajo, aplastando la pared del dormitorio principal. La esposa, quien estaba durmiendo en el lado de la cama donde normalmente dormía su esposo, se escapó de la muerte, pero sufrió graves fracturas, golpes y moretones. Si ella hubiera estado de su lado de la cama, el resultado hubiera sido catastrófico. Y luego habló el esposo. Él no habló de lo contento que estaba de saber que su esposa había sobrevivido, ni habló del raro accidente. En cambio, dijo palabras que se parecían mucho a los argumentos tontos que nosotros hemos tenido en el transcurso de los años.

«Yo me mantuve diciéndole que esa roca iba a venirse cuesta abajo».

Fue el «Te dije» más grande de la historia. Riéndonos, nos miramos el uno al otro, sabiendo que cualquiera de nosotros pudo haber expresado el mismo sentimiento. Ninguno de nosotros se casa con una copia exacta de nosotros mismos. Los esposos y las esposas chocan con sus opiniones cuando se trata de marcas, la posición del papel higiénico, y los gustos de la televisión. Repetimos nuestros distintos puntos de vista el uno al otro interminablemente. A veces el resultado es cómico, pero la mayoría de los días, nos demos cuenta o no, iniciamos una pequeña fractura en nuestras relaciones. Nos enfocamos en nuestras fallas, olvidándonos del milagro de nuestro matrimonio. Encontramos defectos a todo y criticamos.

No juzgamos al sujeto de la roca, porque sabíamos que narrativas como la suya suceden dentro de las paredes de nuestra casa también. Además, que yo sepa la cadena pudo haber cortado palabras amorosas de preocupación para conseguir mejores índices de sintonía. Pero el sujeto de la roca personifica las maneras en que dejamos que nuestros puntos de vista individuales separen nuestros corazones. El conflicto empieza pequeño, pero se agranda con el tiempo. Es más fácil de lo que cree terminar con una roca que de repente y en forma inesperada aplasta el muro de su matrimonio.

Como abogado, una de las frases más comunes que Brian escucha en su oficina es: «Simplemente nos fuimos alejando con el tiempo». Las parejas que contemplan el divorcio a menudo sienten que su relación ya no tiene arreglo y que en muchos casos sus finanzas están fuera de control. Ninguno de ellos parece reconocer que sus acciones disminuyen la intimidad. Pero nadie en realidad «simplemente se va alejando con el tiempo». No hay una fuerza misteriosa que separa los corazones y los cuerpos. Años de batallar con el dinero frecuentemente contribuyeron a muchas de sus aflicciones.

Los esposos y las esposas están diseñados de manera distinta. También son humanos, lo que significa que cometerán errores. No importa lo mucho que tratemos de evitarlo, nosotros tendremos conflicto en nuestras relaciones. Sin embargo, hay cosas que debemos y no debemos decirnos en medio de las discusiones. Como parejas debemos adoptar una postura, esforzándonos juntos a fortalecer nuestros lazos sagrados. Necesitamos estrategias para atravesar sanamente el conflicto a fin de fortalecer nuestros matrimonios, dejando muy atrás la opción del divorcio y de «irse alejando con el tiempo».

## Insultando: Brian

Aunque tengo mucha puntería, probablemente no debería lanzar de lejos mi bolsa de basura al tacho. En cambio, si me estoy deshaciendo de algo, cuidadosamente lo amontono verticalmente lo más alto posible haciendo equilibrio. Cherie, por otro lado, aplasta la basura como un triturador humano. Yo continuaré amontonando a mi manera. Ella continuará aplastando a su manera. Aunque yo amontono y ella aplasta, tenemos algo en común.

A ninguno de nosotros nos gusta sacar la basura.

Todos los días ponemos en riesgo a la bolsa de basura estirándola al máximo por su peso y coqueteamos con el desastre.

Después de diecinueve años de matrimonio, nuestros hábitos de recolección de basura no han causado un encontronazo (todavía). Pero algo tan simple como el manejo de la basura puede ser una fuente de conflicto en su matrimonio. El conflicto en el matrimonio es inevitable y no es necesariamente poco saludable. Como dijo el renombrado autor el doctor Gary Smalley: «En el matrimonio el conflicto no es el problema. El combate es el problema».[1] El conflicto trae crecimiento. El combate trae víctimas.

Atacarse incesantemente con el tiempo termina en combate y separa a las parejas. Los desacuerdos que parecen tontos desde la perspectiva de uno de afuera pueden causar inmenso conflicto en el matrimonio. Las parejas discuten por la manera en que el papel higiénico debe salir del rollo (por encima, mi querido monstruo), qué marca de salsa de tomate comprar (Heinz de por vida), y dónde apretar la pasta de dientes (por donde sea, solo pásele el cepillo). Como nota aparte, el debate generalmente es si la pasta de dientes debe ser apretada desde la parte inferior del tubo o si está bien apretarla desde el medio. Alguien en nuestra casa está retorciendo el tubo. Se está llevando a cabo una investigación.

Esto pueda que le sorprenda, pero las parejas casadas pelean por el dinero. Así como los que amontonan la basura y los que la aplastan, los personajes que manejan el dinero pueden tomar diversas formas. Quizás la receta más común para el conflicto surge entre los derrochadores y los ahorristas. La manera en que clasificamos y caracterizamos diferentes métodos para el manejo de las finanzas personales determina la diferencia entre el éxito y el fracaso. Tanto el derrochador como el ahorrista deben abstenerse de categorizarse. La tentación de un derrochador es llamar al ahorrista: acaparador, avaro, aburrido, ganso, no divertido, o incluso controlador. La tentación de un ahorrista es llamar al derrochador: irresponsable, frívolo, impulsivo, fuera de control, imprudente, o hasta peligroso. Cuando están tentados, ambos ven al otro como un enemigo.

Las diferentes maneras en que ustedes se enfoquen en el dinero pueden permitir que su matrimonio prospere; no tienen que ser un estorbo. Evite caracterizar las tendencias de su cónyuge hacia el dinero de una manera que lo devalúe. *Dejar de usar etiquetas aumenta la intimidad de su matrimonio.* Usted no puede iniciar la estimulación seductora de las finanzas insultando, que es lo que realmente sucede cuando le pone etiqueta a su cónyuge al decirle adicta a las compras o tacaño. Ya sea que le quede muy bien o no, a nadie le gusta que lo insulten. Enfóquese en la vida económica compartida de una manera que sea un ejemplo de sus esfuerzos unidos, no sus diferencias. Pase de «él es el derrochador y yo la ahorrativa» a «somos una pareja que trabaja unida».

Además de insultar, poner una etiqueta al otro cónyuge sirve como excusa para el fracaso económico. En última instancia, usted está culpando a su cónyuge por todos los problemas que usted tiene con el dinero y eludiendo su propia responsabilidad. Los matrimonios en que las parejas se culpan mutuamente son matrimonios que terminan en caos. Apartarse de la culpa y los insultos elimina los conflictos y hace que las parejas se enfoquen en el verdadero problema, que no tiene nada que ver con quién es el derrochador y quién el ahorrativo.

El verdadero problema es: alguien tiene que sacar la basura.

En las finanzas, sacar la basura significa que los esposos y las esposas remueven las expectativas injustificadas que se tengan el uno del otro. Cada uno de nosotros necesita dejar de amontonar los problemas y dejar de aplastar los problemas hasta que se pierdan de vista.

### Cómo dejar de amontonar y aplastar

**«Detente, colabora y escucha».** Vanilla Ice. Detectar el verdadero problema requiere alejarse completamente del conflicto y verlo a través de un lente objetivo. Trabaje con su cónyuge; haga muchas preguntas acerca de por qué. Esté dispuesto a contestar las mismas preguntas. Escúchense pacientemente el uno al otro con un espíritu solucionador, no discutidor. Quizás su cónyuge anhela mudarse a una casa nueva. En vez de negárselo inmediatamente, pregunte por qué para ver las cosas desde su punto de vista. Realmente escuche. Manténgase haciendo preguntas aclaradoras hasta que comprenda.

**Cambie su lenguaje.** «Tu deuda», «mi dinero», «mi cuenta de jubilación» y «tus costos de sobregiro» son todas frases divisivas. También son incorrectas. En un viaje en carro para comprar un regalo por el Día de la Madre para Cherie, mi hija resumió este concepto bien.

—Papá, si un chico quiere casarse conmigo y tiene préstamos de estudiantes, él va a necesitar pagarlos antes que nos casemos.

—¿Por qué? —inquirí yo.

—Porque antes que nos casemos, esos son sus préstamos. Después que nos casemos, serán nuestros.

Ella tenía ocho años de edad y muy sabia para su edad. Cuando usted se casa, todos es «nuestro».

**Reclute a terceros.** Una vez que identificamos que el verdadero problema de amontonar la basura/aplastar la basura era sacar la basura, la solución fue clara. No alcanzamos un compromiso o negociamos un arreglo justo; le mandamos a nuestra adolescente hija, Anna, que empezara a sacar la basura. Esta fue una buena solución para nosotros. Pero para usted, Anna le cobraría por hora más el kilometraje, así que no sería una decisión práctica para resolver el conflicto en su hogar; unos terceros podrían ayudar. Advertencia: los terceros no deciden quién tiene la razón y quién está equivocado. Terceros no significa una encuesta de Facebook o Twitter carentes de rigor científico. Los terceros útiles poseen la experiencia y sabiduría necesarias para filtrar la discusión y diagnosticar la fuente de la controversia. Su mamá, su compañero de golf, y su mejor amigo son terribles terceros. Los pastores, consejeros, o tal vez sus mentores financieros (hablaremos más de ello después) son mejores terceros útiles.

**Recuerde lo que es importante.** En el transcurso de nuestro matrimonio, he confiado en estas cinco máximas cruciales para la resolución de conflictos. Estos principios me ayudaron a poner la vida en perspectiva y nos acercó en situaciones que pudieron habernos apartado.

- Su cónyuge está antes que todo lo demás.
- Su matrimonio es más importante que su dinero.

- El amor triunfa sobre el ganar una discusión todo el tiempo.
- Moverse hacia su cónyuge en sus finanzas lo acerca más a su cónyuge.
- Su ejemplo habla más fuerte que las palabras duras.

## Qué hacer cuando usted ha metido la pata: Cherie

Nuestra experiencia en consejería prematrimonial era menos que ideal, a pesar de tener no menos de tres pastores involucrados en nuestra boda (¡Oiga! Hágalo a lo grande o váyase a su casa). Cada uno de los ministros tenía congregaciones prósperas, uno tenía dos trabajos, y ninguno de ellos realmente tenía tiempo para reunirse con nosotros con regularidad.

Así que nos conformamos con leer un par de libros juntos por nuestra cuenta y tener una sesión en persona con uno de los pastores y su esposa. Un poquito con los ojos vidriosos y blancos como un papel, nos acurrucamos juntos en el sofá mientras nos acribillaban a preguntas astutas acerca de nosotros, nuestra relación y el futuro que habíamos visualizado.

Todo el tiempo lo pasamos mirándonos nerviosamente el uno al otro. No era porque no estábamos seguros de nuestra decisión de casarnos. Sinceramente, no tenía nada que ver con la extraña sesión de consejería, sus preguntas ligeramente incómodas, e incluso un sofá menos cómodo y lleno de bultos.

No, nos estábamos mirando con asco, porque algo... olía... *horrible*.

Naturalmente, cada uno asumió que era el otro. ¿Qué *cenamos* antes de venir? Brian me miró con una expresión que transmitía «¡Cherie, ¿de veras?!». Yo le regresé la mirada «¿En serio, Brian?».

Luego juntos nuestras sospechas se dirigieron al pastor y su esposa. Ellos eran bondadosos, ¿pero tal vez el pastor había usado sus botas diez años de más? ¿O quizás un caballo estaba viviendo en el cuarto extra? Independientemente de la fuente de origen, nosotros estábamos listos para escapar de la Penitenciaría Villa Olor lo más rápido posible. Tan pronto como percibimos una pausa en la conversación, aprovechamos la oportunidad para excusarnos y corrimos hacia el aire fresco y la libertad.

El aire libre trajo alivio, pero estaba frío. Nos metimos al carro, aceleramos y pusimos la calefacción. Luego volvió a aparecer. El mismo hedor horrible llenó el espacio alrededor de nosotros. La calefacción del carro no dio tregua, ya que simplemente circulaba e intensificaba el implacable olor que estábamos tratando de escapar. Ambos sentíamos náuseas y miramos alrededor: a nosotros, la cabina del carro, fuera de las ventanas. Era una noche totalmente oscura. ¿De dónde estaba viniendo ese implacable olor apestoso?

Después de lo que parecía ser una eternidad (en realidad menos de dos minutos), Brian habló entre dientes:

—Creo que debo ser yo.

—¡Santo cielo! —exclamé yo—, ¡Baja las ventanas! ¡Apaga la calefacción!

Poco más de un kilómetro por el camino rural, nos hicimos a un lado y paramos. Brian descubrió que realmente había pisado algo apestoso en nuestra sesión de consejería. Había excremento de perro por todo su zapato. Desde adentro del carro, vi cuando él raspaba su zapato (aún lo tenía puesto) en el poste de la señal de pare —la misma señal de pare de la intersección T en el camino donde él empezó a contar para hallar la quinta casa de la derecha.

Cuando él regresó al carro, el hedor había mejorado un poquito, pero no gran cosa. Decidimos que su calzado necesitaba más atención. A estas alturas estábamos cerca de la casa de mi abuela. Pasamos a visitarla rapidito con la esperanza de encontrar unas toallitas de lejía. Mi abuelita Beulah vino a la puerta con su bata de entrecasa, nos dio la bienvenida, y por supuesto nos ofreció un bocadillo porque eso es lo que hacen las abuelitas.

«Mmm, ¿abuelita? Creemos que Brian tal vez haya pisado excremento de perro y necesita limpiar su zapato».

La abuelita Beulah, una mujer que se crió en los bosques de Kentucky, no era exactamente correcta y formal. Todavía no estoy segura cómo se las ingenió para sacar el zapato del pie de Brian, llevárselo a la nariz para oler y proclamar en forma no disparatada: «Sí, solo es un poquito de excremento de perro» con un solo movimiento rápido. Y así fue como mi anciana abuelita terminó quitando el excremento del zapato de mi novio en medio de una noche fría de enero.

De vez en cuando, cada uno de nosotros mete la pata. Cometemos errores. Decimos palabras que no debimos. Cruzamos una línea. Respondemos bruscamente. ¿Sin embargo, qué podemos hacer cuando las cosas han ido demasiado lejos y nos damos cuenta de que tenemos excremento metafórico en nuestros zapatos?

Si bien tal vez no tenga una abuelita del campo lista para quitarle de las manos el excremento, usted puede empezar la limpieza. Probablemente la parte más desafiante del matrimonio es asumir la responsabilidad de lo que hacemos —los errores y las metidas de pata, las palabras duras y a veces la soberana estupidez. Pero no podemos ser cobardes cuando se refiere a admitir cuando hemos echado todo a perder y posteriormente pedimos perdón.

¿Las dos palabras que necesito decir más a menudo en mi matrimonio y realmente decirlas en serio?

*Lo siento.*

No estoy segura de qué es lo que tienen estas dos palabritas que hacen que yo me encoja de miedo y me erice de orgullo al mismo tiempo. Soy excelente para quejarme, culpar y comparar. ¿Pero asumir responsabilidad por mis errores? Por lo visto, no heredé los genes de la limpieza de excremento de la abuelita Beulah.

Pedir disculpas y luego limpiar cualquier caos que hayamos creado en nuestras relaciones requiere valor. Corregir las cosas exige humildad. Si usted nunca está dispuesto a ser sincero con sus propias fallas y/o errores, jamás experimentará la intimidad que viene como resultado. Rechinar los dientes y arrastrar nuestros pies nos lleva a lados separados de la cama, fríos y aislados. Admitir nuestras propias fallas hace crecer raíces en nuestro matrimonio.

Supongo que sería fácil ver el pedir disculpas como señal de debilidad. Y reconozco que no hay argumento o conflicto conyugal que sea completamente de un solo lado. Se requiere dos personas para bailar el tango (y para enredarse, en realidad). Pero ser valiente abandonando nuestra necesidad de ganar una discusión típicamente suaviza a la otra persona y le invita a tomar una posición similar del corazón.

Decir «Lo siento» sucede con gran riesgo. No se le garantiza una respuesta recíproca. Nos ponemos en una posición vulnerable. ¿Pero debe importar eso? No debemos pedir perdón o disculpas y escuchar las mismas palabras en respuesta. Con valor, debemos reconocer nuestros defectos porque anhelamos la transformación de nuestras almas y nuestros matrimonios.

El mejor consejo que recibí de nuestra olorosa consejería prematrimonial fue una oración sencilla que he orado a través de los años por nuestro matrimonio. La esposa del pastor dijo de pasada que por décadas ella había orado las mismas palabras en tiempos de conflicto y estrés.

«Dios, cambia el corazón de mi esposo o cambia el mío».

Esa breve oración no es un encantamiento mágico o un hechizo milagroso. Decirlo no produce un cambio instantáneo tampoco. No obstante, esta invocación directa hace que Dios entre en nuestros conflictos. Nuestras discusiones y desacuerdos se encogen a medida que anhelamos una intervención divina para dar nueva forma a nuestro matrimonio. *Invite a Dios para que intervenga en medio de nuestro caos.* Con el transcurso de los años, cuando inhalaba bastante para desatar unas palabras brutales hacia Brian durante una pelea, estas palabras empezaron a entretejerse en mi alma. Atravesaban mi corazón y sacudían mi cerebro.

Cambia nuestro corazón, Dios. No solo el suyo, no solo el mío, sino nuestros corazones juntos. Acércanos —a ti, a nosotros. En nuestra humanidad, haz algo sobrenatural. Manifiesta tu presencia de una manera que solo tú lo puedes hacer. Toma dos corazones destrozados y confundidos y únelos. Dame valentía con palabras de verdad para responsabilizarme por mi pecado. Fortaléceme para decir «Lo siento» cuando necesite hacerlo, independientemente de la respuesta de Brian. Ayúdame a ser la primera, no porque sea lo mejor para mi esposo o mi matrimonio, sino porque para eso me llamaste —dejar a un lado mis propios deseos egoístas y ponerte a ti y a otros primero.

Todos metemos la pata. Todos erramos y echamos todo a perder. Todos producimos un hedor. En el contexto del matrimonio, deseo que usted sea suficientemente valiente, suficientemente fuerte, y suficientemente hermosa para ser la primera cuando se refiere a decir que lo lamenta y que quiere corregir sus errores.

## Cuidando: Brian

Hace unos cuantos años, descubrí la jardinería en miniatura de Mel Bartholomew, un método de lecho elevado orgánico para cosechar sus propios productos alimenticios. Mis dos abuelos cosecharon abundantes cultivos de sus inmensos jardines de verduras, y yo decidí aprovechar mi predisposición genética hacia el talento agrícola. Así que pedí y me devoré el libro de Mel sobre la jardinería en miniatura. Resultó que la habilidad agrícola de mis abuelitos se desarrolló por medio del arduo trabajo en la hacienda usando herramientas arcaicas a principios del siglo XX y no mediante un lujoso libro de instrucciones de Amazon desde la comodidad de un asiento reclinable.

Usando madera que estaba en oferta en la ferretería grande de nuestra zona, formé un cuadrado de 120 cm2 usando tablas de 5cm x 15 cm. Debajo del área descubierta del cuadrado, puse una tela bloqueadora de maleza espesa y, por añadidura, cubrí el área con varias capas de periódicos y cartones. Mi premisa favorita de la jardinería en miniatura es que requiere mínima extracción de maleza. El esfuerzo extenuante de sacar la maleza anteriormente me desanimaba de plantar cualquier cosa. Esta aversión extrema a la maleza culminó en la preparación de mi propia tierra. Sí, la tierra es abundante donde yo vivo, pero al controlar sus ingredientes, creí que la maleza no tenía ninguna posibilidad. Usando un rastrillo para mezclar totalmente la cantidad de tierra requerida para llenar un lecho de jardinería de 120 cm2 demostró ser extenuante y sucio pero que extrañamente deja a uno satisfecho.

Al poco tiempo de haber plantado cuidadosamente mis semillas, me gocé victoriosamente cuando la albahaca, el cilantro, y los tomates crecían sanamente en mi terreno de verduras hecho en casa. Al principio, de vez en cuando aparecía la maleza, pero la tierra poco profunda me permitió sacarla rápidamente. Pero luego, como parece suceder con el clima en el verano de la zona central de EE. UU., el calor se puso insoportable. Cuando construí los lechos a principios de la primavera, no contemplé lo mucho que detestaba estar afuera en el calor veraniego. La atención diaria se convirtió en ver de vez en cuando desde la ventana y saludar a la distancia. Les deseaba a mis queridas plantas buena suerte sin mí, y aún esperaba una gran cosecha.

El cartón y el periódico se pudrieron. La tela de maleza, no importa lo espesa, se marchitó de miedo por el indescriptible mal que se perpetró por las infames y tercas malas hierbas de mi jardín que se asomaban justo debajo de la superficie de la tierra. Al final del verano, una supuesta fortaleza impenetrable cayó ante el enemigo contra el cual estaba diseñada a defender. Los sueños de verduras frescas murieron, y nuestro jardín para siempre muestra los vestigios de esperanzas aplastadas en la forma de un borde cuadrado donde ahora no crece el pasto.

Hacer crecer un jardín se parece mucho a hacer crecer un matrimonio. Si usted no cuida su jardín, morirá. Si usted no cuida su matrimonio, morirá. Cuando las parejas casadas que tienen problemas dicen que simplemente se alejaron, pienso en mi jardín y la cosecha que pudo haber dado. Decir que nunca quise que mi jardín se llenara de maleza es una mentira. Cada día, elegí ignorar el progreso de mi jardín debido al calor o alguna otra pobre excusa. Yo tomé varias decisiones conscientes. Las parejas no se alejan por casualidad; las parejas eligen intencionalmente direcciones diferentes.

Comienza de manera muy sencilla. Las parejas no se escuchan, se distraen con la tecnología o los medios. No programan tiempo juntos porque han trabajado excesivamente y están llenos de compromisos. Las prioridades retorcidas hacen que uno o ambos individuos pongan otras cosas —pasatiempos, amigos, trabajo e incluso los hijos— por encima de su cónyuge. Su nivel de intimidad más profundo no pasa de ser más que un saludo casual en la mañana.

Estar plantados juntos requiere más que un día de esfuerzo descomunal. Todo es más emocionante y motivador al principio. Cuando el calor aumenta y las circunstancias se vuelven difíciles, debemos continuar cultivándonos como lo hicimos al principio. También necesitamos dar la importancia debida a un fundamento apropiado. Cuando leí el libro acerca de la jardinería en miniatura, salté las partes relacionadas con los meticulosos pasos de la preparación de la tierra. Las instrucciones me aconsejaron que eliminara toda la vegetación antes de poner el periódico, la tela bloqueadora de maleza y la tierra. Siempre construya su jardín, y su matrimonio, sobre un fundamento puro. En vez de quitar la basura del terreno, pasé la mayor parte del tiempo preparando la tierra porque eso era activo y parecía trabajo. Pero la actividad no equivale a la productividad. Si hubiera tomado tiempo antes de mezclar la tierra para observar y quitar todas las amenazas en contra de mi jardín, yo le estaría haciendo salsa picante ahora mismo.

La maleza no solo salió del fondo del lecho del jardín. En la primavera, deliberadamente corté el pasto en una dirección en particular, por deferencia a las condiciones del viento para evitar cualquier contaminación cruzada. Pero a causa de mi desdén por los días calientes de verano y trabajar a cielo abierto una vez que subiera la temperatura, corté el pasto como loco y mis preciosos lechos se llenaron de maleza y desperdicios. Al principio, regué mis verduras a horas designadas.

Pero una vez que el calor se volvió insoportable, dejé que las plantas se marchitaran y crucé mis dedos para que lloviera.

Nosotros a menudo funcionamos de la misma manera en nuestros matrimonios. Como recién casados, somos delicados, tiernos y considerados. Conforme pasan los años, tomamos a nuestros cónyuges a la ligera y perdemos el equilibrio delicado requerido para crecer juntos. Sea el trajín de la vida o la falta de atención en general, hacemos que nuestros cónyuges se marchiten con nuestras palabras duras o exigencias poco realistas —generalmente cuando circunstancias explosivas como el dinero o el sexo prenden fuego a nuestras vidas. Subestimar las fuerzas que funcionan en contra de su matrimonio trae como resultado una relación llena de complicaciones como un jardín repleto de maleza. Cuide a su cónyuge no importa sus circunstancias externas actuales. Sacrifique su tiempo y esfuerzo el uno para el otro, incluso si la situación parece insoportable. Decida crecer juntos. Riegue sus almas bebiendo del mismo pozo por medio de la lectura de la Palabra de Dios juntos y orando el uno por el otro. Preste atención a las necesidades del uno y del otro y comprométase a satisfacer esas necesidades. Diviértanse juntos. Vayan a bailar. Tómense de la mano. Besuquéense. Actúen con consideración el uno para con el otro como lo hicieron cuando su amor era nuevo. Al hacerlo, recogerá una cosecha abundante y satisfactoria ahora y para los años futuros.

## Palabras seguras: Cherie

Estábamos en la farmacia, esperando recoger una receta. Había sido una semana dura, por no decir algo peor. El trabajo de Brian (como la mayoría de trabajos) exige un alto nivel de excelencia, lo que conlleva un alto nivel de estrés. Cansado y agotado, él se preguntó en voz alta si su presión arterial reflejaría su alto nivel de estrés. Él pasó por donde estaba la máquina automática de tomar la presión arterial en el área de espera y se sentó de golpe para tomársela. Sorprendentemente, no estaba muy alta, pero estaba en el límite.

«¿Son esas cosas siquiera precisas?» me burlaba mientras lo sacaba rápidamente y me sentaba en su lugar. Puse mi brazo en la manga y esperé pacientemente para ver mi resultado. Un bajo pulso de reposo y una baja presión arterial son insignias de honor para mí. Debo ser médicamente narcisista, pero me deleito en los profesionales de medicina cuando se deshacen por mis señales vitales sanas. Conforme salían los resultados, yo anticipaba estar en la parte inferior de color verde, señalando mi salud excelente.

Excepto que eso no fue lo que sucedió. Miré impactada los resultados que indicaban que estaba por las nubes, dejando muy atrás el límite de la presión arterial de Brian. Un rojo brillante resplandecía indicando que mi presión arterial estaba en la zona de peligro. Yo aún dudaba de los resultados, pero una llamada a una amiga enfermera y una cita con el doctor revelaron la verdad. Se acabaron los días en que yo agradaba a mi médico. Mi presión arterial requería medicina para evitar de convertirme en la mamá de las propagandas de la American Heart Association que dice alegremente «Estoy bien», y luego se desploma con un episodio cardíaco.

La prevención en cualquier área de nuestras vidas impide que una situación menor se transforme en mayor. Sea por medio de cambios en el estilo de vida u otras intervenciones, los cambios en nuestra rutina evitan que nuestros corazones fallen y se tropiecen nuestros pies. Esto por cierto suena cierto en el matrimonio. Resolver armoniosamente un conflicto en medio del conflicto simplemente no sucede. Pero podemos poner salvaguardas en nuestras relaciones o prácticas preventivas que minimicen las peleas, especialmente cuando se trata del dinero.

Toda pareja casada necesita «palabras seguras» que promuevan las finanzas inteligentes y el romance picante. A propósito, no me estoy yendo donde usted cree que me estoy yendo con esta. Todos necesitamos palabras o frases codificadas que impidan que las discusiones se intensifiquen. Cuando yo era niña, mi mamá utilizaba esta práctica cuando mi hermano y yo empezábamos a discutir en público. Ella susurraba *finito* (palabra italiana que significa «se acabó») en nuestros oídos y nosotros sabíamos que teníamos que cortarla rápidamente para bien nuestro o habría un precio que pagar.

Las palabras que escoja dependen de usted. Una pareja casada de una comedia que veíamos utilizaba la palabra *pausa* para evitar que una discusión se vaya de las manos. Nosotros a menudo hemos usado el tiempo de descanso de veinte segundos que se usa en el baloncesto —tocando dos veces ambos hombros ligeramente— para evitar decir algo que no deberíamos. Sus palabras seguras impiden que los desacuerdos se conviertan en un distanciamiento irreparable causado por un enojo improviso. Considere sus palabras como si fueran medicina preventiva.

Las acciones también pueden servir como palabras seguras, cerciorando que usted no vaya a tropezar en territorio peligroso. Mi amiga Tricia sabe que el nivel de azúcar en la sangre de su esposo baja cuando no ha comido lo suficiente. Después de años de experiencia, y unos cuantos conflictos que pudieron evitarse, ella empezó a asegurarse que él tuviese bastante que comer antes de traer a colación temas de conversación que pudieran llevar a un desacuerdo. El hambre era un detonante para él. Quizás lo sea para usted también. O tal vez tenga problemas con otros factores externos que hacen que un pequeño desacuerdo avance hasta llegar a ser una pelea de otro modo evitable o algo peor.

Es sabio que las parejas utilicen las siglas HESC para evitar discusiones que causen daño. No empiece una discusión sobre el dinero si uno de ustedes está Hambriento, Enojado, Solitario, o Cansado. Que sea su práctica tomar un respiro profundo y evaluar el estado mental actual suyo y el de su cónyuge. Está bien discrepar del manejo del dinero, pero no está bien amontonarse palabras odiosas en medio de un debate. Un rápido HESC evita que palabras venenosas se enreden en la lengua. Una conducta calmada también neutraliza posibles situaciones delicadas.

Como dice el capitán de corbeta Rorke Denver: «La calma es contagiosa».[2] Las palabras seguras introducen calma a un conflicto.

Cuando una de las partes disminuye la intensidad, la otra tiende a hacer lo mismo. Las palabras combativas causan más fricción, y los insultos de cualquier tipo causan una amarga disensión. Pensar en cómo usted va a pelear antes que pelee protege la esencia de su matrimonio. Mucho antes que surja una discusión, es sabio definir los parámetros para proteger su relación de posible daño. Las palabras y acciones seguras no garantizan que no ocurra una pelea, pero podrían evitar que se pierda el control.

Aunque requirió mucha humildad por parte mía admitir que se habían acabado los días en que me jactaba de mis señales vitales superiores, estoy contenta de haberme sentado a tomarme la presión arterial en la farmacia. Yo no tenía ningún otro síntoma conectado frecuentemente con niveles elevados de presión arterial. Pero dentro de mi cuerpo había una silenciosa bomba de tiempo. Si no la controlaba, pude haber terminado en el hospital o peor. En cada uno de nuestros matrimonios, existe el silencioso potencial del conflicto dañino. El uso de palabras seguras funciona como medicina preventiva, protegiendo nuestras relaciones del daño e incluso la muerte.

## Pelee limpiamente

Un cuarto estaba lleno de parejas casadas bien vestidas que se reían mientras decían cosas tontas para romper el hielo juntos. Cientos de hombres y mujeres vinieron a una noche de baile colegial de la iglesia para gente casada. Con formidables premios en juego, los esposos y las esposas hicieron lo mejor posible para ganar cada juego antes que empezara el baile. La actividad final involucró volver a jugar la versión clásica del antiguo grupo juvenil «Nunca en mi vida».

El maestro de ceremonias de la noche hacía preguntas sagaces a las parejas, y si uno de ellos admitía haber participado en alguna actividad que él describía, esos individuos tenían que sentarse. No podemos recordar ninguna de las preguntas que descartaron a los concursantes de la sala, hasta quedarse con solo una mujer. Sin embargo, sí recordamos la escena final. Fue una pregunta tonta y casual diseñada para hacer que la última persona tomara asiento.

«Nunca en mi vida peleé sucio con mi esposo».

Toda la sala soltó risitas por una idea tan descabellada. Cada persona que había asistido reconoció su tendencia hacia la manipulación y dar golpes bajos.

No obstante, la mujer se quedó parada. Atónito, el maestro de ceremonias casi no podía hablar y se rascó la cabeza. Ella ya había ganado el juego, ¿pero quizás pensaba que había una ronda extra? Ella estaba muy por encima de su esposo quien estaba sentado y exclamó: «Yo no peleo sucio, ¿verdad?». Él silenciosamente la miró fijamente y la muchedumbre gimió incómodamente, ya que ella acababa de pelear sucio. El maestro de ceremonias le entregó el premio mayor y trató de restaurar vida a la fiesta.

Puesto que todos somos humanos, siempre nos quedaremos cortos. Usted peleará con su cónyuge a causa del dinero. Eso lo convierte en una persona normal. Pero pelear a causa del dinero no tiene que significar alejamiento. Usted puede tratar los desacuerdos y las opiniones discrepantes hasta hallar un lugar donde estén plantados juntos, arraigados en el plan y el propósito de Dios para su dinero y su matrimonio.

Los individuos son singulares. Cada uno enfoca la vida de manera distinta. Pero esas diferencias no tienen que ser una maldición; pueden ser una bendición. De hecho, nuestras diferencias son posesiones valiosas, no desventajas. Pedir perdón y poner las necesidades de su cónyuge primero reinician sus esfuerzos y proveen otra oportunidad para tener éxito. Cuidar nuestros matrimonios nos permite crecer juntos. Instituir palabras seguras elimina posibles problemas antes que ocurran.

Emplear prácticas preventivas y fortalecedoras ahorra su dinero y profundiza su intimidad. Una vez que usted trata el conflicto en forma intencional —en vez de simplemente dejar que le suceda— el afecto y la conexión reemplazan la confusión y el enojo.

## Preguntas de discusión

1. ¿Es usted uno que amontona la basura o uno que la aplasta? ¿Cuál es su postura con respecto a la posición del rollo de papel higiénico, la marca de salsa de tomate, y cómo apretar la pasta de dientes?
2. ¿Cómo los desacuerdos pequeños y un poco tontos han afectado su relación?
3. ¿Recuerda la desafortunada historia del excremento de perro de Brian? ¿Cuál es la cosa más asquerosa que usted ha pisado?
4. ¿Por qué es tan difícil admitir que hemos cometido errores y pedir perdón?
5. ¿Cómo el invitar a Dios al caos —el conflicto en nuestros matrimonios— da nueva forma a nuestra perspectiva?

---

## Fomentando la estimulación seductora de las finanzas

- Escoja una actividad para realizarla juntos —preparar una comida juntos, salir a caminar, besuquearse, tomarse de las manos, leer la Escritura— que le ayudará a cuidar su matrimonio esta semana.
- Defina palabras seguras para su matrimonio. ¿Qué dirá usted para hacer una pausa en una pelea antes que se pierda el control? ¿Qué acciones tomará usted para asegurarse que un conflicto menor no se convierta en una discusión mayor? ¿Qué palabras elegirá decir?

## CAPÍTULO 5

# ¿Quién guía su vida?

## De estar ocupado a estar con prioridades

---

*La vida es lo que le sucede mientras
está ocupado haciendo otros planes.*

**JOHN LENNON**

«¡Estamos tan ocupados!». La familia norteamericana suelta esta constante cantaleta por todos lados, desde las reuniones sociales hasta el trabajo, hasta la iglesia, hasta el momento incómodo cuando se encuentra con alguien en la tienda de comestibles y usted no quiere hablar. Luego viene la respuesta inevitable: «¡Nosotros también! Ni te lo imaginas».

Es casi como un continuo juego de comparaciones. «¿Ah sí? ¿Tienes un torneo de béisbol, práctica de fútbol y trabajar sobretiempo? Nosotros tenemos un concierto de banda musical, el cumpleaños de mi suegra, y una graduación de kindergarten».

A veces usamos nuestro trajín como una insignia de honor. Si usted no está tan ocupado como nosotros, nos preguntamos qué le está pasando. Tal vez usted no es tan importante como nosotros. Tal vez sus hijos no son muy talentosos. Tal vez usted es simplemente un perezoso.

El ritmo frenético en que vivimos nos deja sin aliento. Nos preguntamos si esta existencia en la que anunciamos por la Internet los vaivenes de todas las cosas divertidas que estamos haciendo para que todos lo puedan ver realmente es todo lo que hay para nuestras familias, nuestros matrimonios, nuestras vidas, nuestras almas. ¿Es esto lo mejor que se puede lograr?

Siempre habrá veces en que se exigirá de su tiempo. Usted tiene que trabajar para que su familia pueda comer. Usted debe de lavar la ropa y limpiar la casa para que no termine en el siguiente episodio del programa de televisión de *Hoarders*. Sus hijos necesitan educarse para que no vivan en su sótano los próximos cincuenta y cinco años. Ni siquiera es algo malo que sus hijos tengan actividades extracurriculares. Tampoco es de temer que usted tenga pasiones en la vida. Pero no nos engañemos. ¿Quién le hizo esto? *El trajín no es algo que se nos impuso o una circunstancia fuera de nuestro control. El trajín es una decisión.* Nosotros escogemos nuestras actividades, y como resultado, escogemos el horario que las acompañan. Escogemos el mantra «tan ocupado» y después también escogemos quejarnos de ello como si otra persona se encargara de nuestros horarios.

Es tiempo de chequear con la realidad. El trajín mata la intimidad en su matrimonio. Cuando corremos vertiginosamente, apenas nos vemos el uno al otro. Las parejas casadas se convierten en compañeros de cuarto en vez de amantes. Y cuando realmente encontramos unos cuantos momentos libres para pasarla juntos, nos quedamos dormidos en el sofá antes que el primer episodio de ese nuevo estreno de Netflix muestre los créditos de apertura. ¿Quién quiere tener una noche caliente de sexo cuando apenas puede mantener los ojos abiertos?

Sé lo que usted está pensando: *Espere un momento. ¿Yo creí que este libro estaba supuesto a decirme cómo manejar mi dinero y tener un mejor matrimonio? Yo no me inscribí para una charla de cómo pasar mi tiempo.*

La estimulación seductora de las finanzas abarca más que simplemente cuadrar su chequera para poner manos a la obra con su cónyuge. Las decisiones que tomamos con respecto a nuestros horarios determinan cuánto dinero gastamos. Esas decisiones a su vez determinan cuántas horas o años trabajamos, en qué clase de casa vivimos, y cuánto podemos ahorrar para la jubilación. Las decisiones en cuanto a nuestros horarios agotan o aumentan nuestras finanzas. Esas mismas decisiones también agotan o aumentan nuestros niveles de energía. Los horarios que mantenemos determinan si compartimos las comidas familiares en casa o comemos constantemente en el carro. E indican cuánto valorizamos el romance y el tiempo que pasamos a propósito juntos.

Las decisiones guían a su familia. Las decisiones que usted toma lo guían por un camino agobiado y cansado o a un espacio abierto donde su matrimonio y su familia pueden prosperar. Mover su relación de estar ocupado a estar con prioridades cambia la dirección de sus finanzas y su romance hacia una libertad próspera.

## Por qué armar una parrilla no conduce a «una parrillada»: Brian

No estoy seguro por qué las parrillas a gas no vienen ya ensambladas o parcialmente ensambladas. De lo que estoy seguro es que uno nunca debe armarla al aire libre, en una noche húmeda del Medio Oeste, con un traje, con una esposa agitada, con sanguinarios zancudos revoloteando alrededor de ella.

Nosotros estábamos excepcionalmente atareados ese verano. Sobretiempo, trabajos extras, platos, ropa sucia, cortar el pasto, lecciones de natación, otras actividades veraniegas para niños, obligaciones familiares y toda clase de distracciones dificultaban nuestro tiempo normal como pareja. Y luego nuestra parrilla pasó a mejor vida. Para que no estemos sin la ahumada bondad que resalta nuestras comidas, decidimos reemplazarla.

Un viernes, vine a casa más tarde de lo normal y Cherie mencionó otra vez la necesidad de ir a comprar una parrilla. ¿Existe eso —ir a comprar una parrilla? «Vamos», dije yo. De alguna manera yo creí que podía recoger una parrilla y armarla a tiempo para tener kebabs a una hora decente. En tiempo récord, compramos este pedazo de metal con calor infrarrojo, cuatro hornillas, y un plato caliente. Ignorando la advertencia de usar dos personas para levantarla, metí la descomunal caja en nuestra maletera de tamaño modesto y salimos disparados a casa.

Se acercaba la puesta del sol, así que tuve que apurarme. La gravedad beneficia a uno cuando se deja caer una caja de doscientas libras en un sensible sedán de tamaño mediano, pero se burla de uno cuando trata de hacer lo opuesto a esta proeza. Después de romper el sello de goma en nuestra maletera y usar un sistema de palanqueo que hubiera llenado de orgullo a Arquímedes, saqué la compra del abismo de mi carro. El anochecer aplastó lo que quedaba de luz del día. Yo estaba sudando. Se estaba poniendo, como decimos en Indiana, fastidiosito. Mi rostro se puso huraño después que abrí la caja.

Requirió menos repuestos y piezas mandar a un hombre a la luna que armar esta parrilla. Bolsas de diminutos tornillos, arandelas, tuercas, manijas, mangueras y pernos, todos supuestamente de diferentes tamaños, parecían exactamente lo mismo —especialmente a oscuras. Cuando uno está muerto de hambre, apurado, lleno de sudor, corto de vista, exhausto, irritado y atacado por zancudos chupasangre con esteroides, pedirle a su esposa que deje que la hijita se vaya a acostar por sí misma para que ella pudiera sostener la linterna no es sabio. Y exigir la tarea hercúlea de apuntar perfectamente la luz mientras hace equilibrio con la tapa inmensa de acero flotando sobre su cabeza mientras usted está buscando los tornillos correctos que va a usar puede ser fatal.

Como mínimo, estoy seguro que Cherie consideró varias coartadas:

«La tapa estaba muy pesada, oficial. ¿Le gustaría un kebob?».

«Sí, esas son mis huellas digitales, pero yo estaba adentro cuando escuché el sonido estrepitoso. ¿Quiere un filete?».

«¿Está seguro de que le cayó encima dos veces? ¡¿Quién quiere galletas con malvavisco derretido?!».

Geniales consejos de la vida que toda pareja necesita:

1. Armar una parrilla en la noche pondrá a prueba su matrimonio.
2. No ponga a prueba su matrimonio a propósito.
3. Es un consejo solemne comprar siempre una parrilla ya ensamblada.

Nosotros dejamos que se ponga el sol con nuestro enojo mientras nuestros estómagos y corazones gruñen al unísono. Simplemente digamos que no hubo una estimulación seductora de las finanzas.

La lección que aprendimos fue que cuando no tenemos suficiente margen en nuestras vidas, terminamos haciendo algo ridículo. *La disminución del margen de nuestras vidas equivale a un aumento de la tensión en nuestros matrimonios.*

En el gran desastre de la parrilla, nosotros no tuvimos suficiente margen e ignoramos nuestros valores, necesidades y sueños. Nuestros valores esenciales como pareja no involucran discutir o la premeditación de varios crímenes. Necesitamos comida, pero una parrilla no es la única forma de preparar la comida. Yo he soñado con estar con un traje empapado de sudor, afuera con Cherie a la medianoche; pero ese sueño tenía que ver con lecciones de tango y Argentina. Ese sueño terminó de manera muy distinta al reventón verbal en la entrada de la casa.

Para tomar decisiones sabias con respecto a nuestros horarios, necesitamos primero definir nuestros valores, necesidades y sueños. Cada aspecto conecta e impacta a otros. Estar de acuerdo con sólidos principios bien definidos e inmovibles simplifica la toma de decisiones para las parejas.

## Pasos de acción para la toma de decisiones que conducen a la estimulación seductora de las finanzas

1. Haga palomitas de maíz. O haga algún tipo de bocadito para compartir.
2. Despeje el área. Los niños deben estar durmiendo o fuera de casa. La TV está apagada. Los teléfonos se han guardado.
3. Escriba prioridades inmovibles. Intercambie, repase y hable de las listas con su cónyuge. Escúchense. Si bien estas varían de pareja en pareja, algunas de nuestras prioridades inmovibles acerca del dinero y el matrimonio incluyen: crecer en nuestra fe juntos, permanecer física y financieramente fieles en nuestro matrimonio, criando intencionalmente a nuestros hijos, pagando nuestros impuestos, viviendo libres de deudas y ahorrando para la jubilación.
4. Esté de acuerdo con las necesidades intrínsecas. La televisión por cable es un deseo. El agua potable y los abrazos son necesidades. Tenga una conversación abierta y sincera para distinguir entre los deseos y las necesidades. Algunas de nuestras necesidades acerca del dinero y el matrimonio incluyen: amor, albergue, electricidad, transporte asequible, comida, ropa y sexo.
5. Imagínese un futuro juntos. Pregúntense qué sería lo ideal en los siguientes cinco, diez y veinte años.

En este ejercicio, usted no está buscando un punto medio. Usted está esperando un punto en común. Un fundamento compartido que sostenga una conexión más profunda.

Una vez que nuestros valores, necesidades y sueños se han definido, estos nos guían en la dirección correcta y nos ayudan a tomar decisiones sabias en cuanto a nuestras actividades programadas.

## El desafío del calendario

Tomemos los principios filo-sóficos que establecimos con nuestros valores, necesidades y sueños y apliquémoslos a nues-tras vidas reales. Saque sus calendarios mensuales. Mire las fechas y citas. Usted puede usar las siguientes tres pregun-tas para ayudar a determinar si una actividad se alinea con sus prioridades.

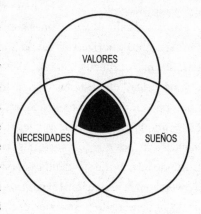

1. ¿Se alinea esta opción con los valores que compartimos?
2. ¿Satisface esta alternativa una necesidad que compartimos?
3. ¿Nos hace progresar este curso de acción hacia los sueños que compartimos?

Cuando ustedes dos tienen respuestas parecidas a estas tres pre-guntas, su matrimonio se lanza hacia sus sueños. Las distracciones cotidianas o los desvíos demoran o hasta descarrilan sus sueños. Chip y Dan Heath, autores del libro de gran éxito de ventas *Switch: How to Change Things When Change is Hard* [Intercambio: Cómo cambiar las cosas cuando es difícil cambiar], ofrece una sugerencia conmovedora para lograr el resultado deseado: «Vincule su meta a largo plazo con movidas cruciales de corto plazo».[1] Eso suena bien en teoría, pero he aquí cómo vincular su rutina cotidiana con los sueños de toda su vida.

Marque cada actividad con una pequeña V, N, o S (Valor, Nece-sidad, Sueño) para aclarar si lo que está haciendo realmente corres-ponde a las metas de su dinero y su matrimonio. Hable con su cónyuge acerca de cómo eliminar cosas de su horario que no concuerdan con la visión que comparten.

Consideremos unas vacaciones en familia a través de este filtro. ¿Se alinea el salir de vacaciones con los valores que ustedes comparten? Si ambos valorizan el tiempo juntos y las experiencias divertidas para sus hijos, probablemente sí. ¿Satisface unas vacaciones en familia una necesidad que ustedes comparten? Si usted necesita descanso y una oportunidad para crear recuerdos con sus hijos, entonces posiblemente sí. ¿Tomar unas vacaciones en familia nos hace avanzar hacia los sueños que compartimos? Quizás. Sin embargo, si usted está tratando de salir de sus deudas, ahorrar para estudios universitarios, o invertir en la jubilación, tal vez esté comprometiendo sueños a largo plazo en nombre de la diversión temporal.

Si usted está teniendo problemas en decidir si una obligación normal corresponde al VNS que ustedes comparten, suspenda esa actividad temporalmente. Digamos que usted se ha comprometido a ir a una clase de tejido que se reúne una vez a la semana durante doce meses o su hija de seis años practica su kung fu dojo dos veces a la semana. Tome un descanso. Después de un lapso de un mes, hable acerca de la posibilidad de restablecer la actividad en su calendario. Si después de reconsiderar, el interés en el kung fu, tejer, o (si realmente es talentosa) tejer al estilo kung fu siguen siendo fieles al VNS que ustedes comparten, vuélvalo a poner en su calendario.

Considere añadir citas de prioridad a su horario. Las reuniones semanales sobre el presupuesto, unirse a una célula, ir a una sesión de consejería matrimonial, intencionalmente pasar tiempo como pareja, y planificadas noches familiares refuerzan los valores, necesidades y sueños compartidos. Dé la mayor importancia posible a los compromisos que se alineen con sus metas a largo plazo programando el horario a propósito.

Todos están ocupados. El pastor y autor John Ortberg describió la condición así: «Estar ocupado es una condición externa; estar ajetreado es una enfermedad del alma».[2] Permítame ser directo con usted: *la gente ajetreada tiene sexo ajetreado*. O no tiene sexo en lo absoluto porque está cansada hasta los huesos. Esa no es una forma de vivir. El margen en nuestras vidas protege la santidad en las sábanas.

# El líder está bien: Cherie

Cuando nuestra hija Anna tenía tres años, pasábamos muchas horas entretenidos con sus payasadas. ¿Quién necesita televisión por cable cuando usted tiene una preescolar imprevisible y creativa? Ella conducía un programa improvisado de entrevistas llamado acertadamente *El Show de Anna* donde, si teníamos suerte, éramos invitados para ser sus estrellas invitadas especiales. Esta imitación de gran espectáculo televisivo presentaba genios de la comedia, entrevistas con animales de peluche y un segmento repetitivo llamado «¡Bebamos!» en el que se esperaba que los invitados tragaran una botella de agua mientras ella tomaba su vasito lleno de leche. Sí, estoy un poquito aterrada de lo que podría ser su experiencia universitaria. Gracias por recordarme de ello.

También jugábamos una infinidad de veces a sigue al líder por toda nuestra casa. Adorábamos sus libres travesuras y a menudo nos hallábamos siguiéndola por toda nuestra casita, imitando cada brinco, salto, o puntillas por encima y debajo de obstáculos que ella cuidadosamente preparaba. Un sábado por la tarde mientras hacíamos el trencito de tres personas por toda la sala hacia la cocina, Anna tutú se salió hacia la oscura entrada, y, antes que pudiéramos agarrarla o exhalar, ella se cayó brutalmente de cara sobre el piso. Todo padre de familia conoce ese momento de pánico cuando un niñito o hijo pequeño se raspa o golpea su cabeza o choca contra un objeto fijo. Usted se queda paralizado, sosteniendo la respiración. Usted piensa, *Caramba, eso debió haber dolido.* Y después, si usted cede a las emociones hace una pregunta de dos palabras que con certeza causa un debacle total con lágrimas que fluyen. «¿Estás bien?». Pero a veces uno se da cuenta en una fracción de segundo antes de hacer esa pregunta y en cambio deja que el silencio se apodere. Por un gran milagro de gracia, nos ingeniamos en no decir una sola palabra en este caso raro de crianza de hijos.

Sin aliento, nos quedamos esperando ansiosamente. El pequeño cuerpo de Anna postrado en el suelo estaba inmóvil. Luego en un momento de desafío, su brazo derecho se levantó por el aire, y un diminuto dedo preescolar señaló hacia el cielo, así como podría hacerlo un luchador profesional en miniatura para un efecto dramático. Con su rostro aún contra la losa, hizo la proclamación orgullosa, aunque un poquito embrollada, «¡El líder está bien!». Nosotros nos intercambiamos la mirada y luego soltamos unas risitas, aliviados de que ella no estaba lastimada.

Es un mensaje que debemos escuchar de vez en cuando como pareja casada. *El líder está bien.* Estaremos bien. Aun cuando caemos completamente al piso y la herida y la decepción duelen, la vida está bien. Olvídese de un matrimonio perfecto; yo solo quiero uno que esté bien. Quiero un matrimonio en el que se suplen las verdaderas necesidades y donde, aun en medio de los desafíos de la vida, hallo un lugar delicado donde poner mis pies y una roca sólida sobre la cual pueda pararme. Ah, las lecciones de liderazgo que usted puede aprender de una niñita con colitas.

Avancemos nueve años en nuestra historia y aún estamos obteniendo sabiduría de la experiencia de nuestra hija. Anna la escolar de primaria decidió tocar el clarinete en una banda. Nuestra escuela no tiene un programa de banda musical común y corriente. Nuestra banda es una máquina, un legado de campeonato, y una fuente de orgullo para nuestra comunidad. Cada año me sentaba asombrada por el nivel musical que los estudiantes producían en tan corto tiempo. Esa excelencia no apareció de la nada; los directores la cultivaron con el tiempo y requirieron que sus jóvenes músicos se comprometieran a practicar con regularidad. Antes de uno de los últimos conciertos de banda de Anna, el director, el señor Kalugyer, resplandeció de orgullo cuando presentó a su grupo, compartiendo el deleite de lo difícil que eran sus selecciones musicales para tocar.

El continuó, elogiando a los estudiantes por su duro trabajo y su talento natural. Pero concluyó con una verdad de liderazgo que aún resuena en mis oídos: «No me importa lo bueno que usted sea. Usted tiene que recibir la dirección de alguien».

Es cierto para una banda musical de primaria, pero también es cierto para su matrimonio. No importa lo asombroso que sea —en su trabajo, en la vida, en ser padre, en manejar el dinero, incluso en ser casado— usted aún necesita recibir la dirección de alguien. Necesita un guía que lo amolde y lo aconseje en cómo manejar bien el dinero y permanecer casado. Y si quiere aprender a pasar de ocupado a priorizar los valores, las necesidades indispensables y los sueños compartidos en su matrimonio, necesita a alguien que no solo habla de vivir una vida equilibrada, sino alguien que vive sin un agobiado estado de existencia.

¿Pero cómo sabemos a quién acudir para esta clase de consejo? ¿Quién puede ser modelo de cómo es tener equilibrio entre su dinero y su matrimonio? La obvia respuesta de Escuela Dominical es que Dios le habla por medio de la Biblia para mostrarle cómo vivir, cómo cultivar un matrimonio sano y cómo manejar el dinero. Pero yo argumentaría que necesita más. Usted necesita comunidad.

Específicamente, usted necesita mentores del dinero —gente que ha estado donde usted está y llegado donde usted quiere estar. Si bien su camino podría parecer misterioso y mágico, le puedo asegurar que no lo es. Ellos comprenden y pueden explicar cómo el enlace entre el manejo del tiempo y el manejo del dinero conduce a la estimulación seductora de las finanzas. Busque esa gente que toma decisiones para acabar con el trajín. Ellos estructuran sus vidas en formas que combaten el jale cultural para tener más y más actividades y cosas por el estilo, escogiendo exactamente lo opuesto. Busque hombres y mujeres que comparten mutuamente un lazo íntimo. Busque parejas que tal vez no tengan lo que el mundo clasifica como la casa de los sueños o el auto más lujoso o las vacaciones elaboradas, pero no obstante permanecen contentas. Estas son las voces que usted necesita. Ellos tienen el consejo que usted requiere. Estos son los Dan Henrys matrimoniales que usted necesita seguir.

*«No me importa lo bueno que usted sea. Usted tiene que recibir la dirección de alguien».*

Ya lo puedo escuchar. «Claro, Cherie, esto suena muy encantador. Nos gustaría tener una pareja así en nuestras vidas. ¿Pero (A) dónde rayos se supone que los vamos a encontrar? Y (B) usted nos está diciendo que dejemos de hacer muchas cosas. ¿Cómo se supone que vamos a encontrar el tiempo para reunirnos con esta imaginaria pero asombrosa gente?».

Usted tiene razón. Encontrar alguien que pueda ser su mentor no es una hazaña fácil. Y encontrar el tiempo para realmente reunirse con ellos se vuelve menos fácil cuando está batallando contra el monstruo del trajín. Pero el tiempo que se pase con mentores del dinero es una inversión en su futuro. Tenga una sensación de urgencia por hallar a alguien que le oriente. Una vez que encuentre a alguien que acepte ayudar, sea intencional en programar tiempo con esa persona con regularidad. No tiene que ser todos los días. Ni siquiera tiene que ser semanal o mensualmente. Reúnanse una vez cada tres meses o incluso dos veces al año. Es importante, probablemente más importante que docenas de otras citas en su calendario.

Pero regresemos a la tarea trascendental de cómo encontrar esta pareja sagaz e inspiradora para que sople nueva vida a su matrimonio. Yo podría estar equivocada, pero me atrevería a decir que usted ya tiene a alguien en mente. Son esa pareja que no es falsa o perfecta. No siempre se llevan bien pero sí se tratan con respeto. Tal vez no sean los más bonitos y definitivamente no son los más extravagantes cuando se trata de las posesiones materiales de sus vidas. Es menos probable que ellos le recuerden constantemente del amor eterno que se tienen en Facebook y es más probable que se les vea tomados de la mano en algún lugar. Son bondadosos y generosos, pero no les gusta lucirse. Quizás usted esté relacionado con ellos, o quizás no. Tal vez los ha conocido durante años, o quizás recién los acaba de conocer. Piense detenidamente en las parejas que usted admira en su vida. Considere a la gente que conoce cuyas vidas parecen cantar aun en las circunstancias más desesperantes.

Son sensatos, centrados, firmes y no se estremecen con las situaciones dramáticas.

Una vez más, yo le puedo entender. «No tengo a nadie, Cherie. No conozco a gente como la que usted ha descrito o por lo menos a nadie con la que me sienta cómoda abriendo mi revoltoso matrimonio y caótico manejo del tiempo y el dinero: "¿Qué debo hacer con toda esta locura mía?"». Si usted verdaderamente no conoce a nadie que corresponda a esta descripción, le recomendaría que pregunte a alguien que conozca y confíe en que le dé una sugerencia. Acuda a su pastor, un consejero, o amigos de confianza.

En cuanto a sentirse incómoda abriendo y compartiendo el estado de su matrimonio, dinero, tiempo, alma, tal vez tenga la idea equivocada de lo que es un mentor del dinero. En vez de ver una reunión con un mentor del dinero como una oportunidad de abrir su corazón y hablar de todos sus defectos, véalo como el cumplimiento de un sueño de la niñez. Vea, usted se convierte en detective. Sí, tal vez esté luchando en su propio matrimonio, y sí, es muy probable que un mentor del dinero pueda hablar sobre esa lucha, ofreciendo esperanza y soluciones prácticas. Pero si usted está demasiado nerviosa de empezar con sus desafíos específicos, comience haciendo preguntas.

Hacer preguntas desactiva lo que podría ser una situación incómoda, y trae consigo sabiduría y consejo. Si realmente quiere saber cómo esta pareja se las ha ingeniado para permanecer casada durante décadas, pagar totalmente sus deudas, criar hijos formidables, o, si tiene suerte, todo lo que se mencionó anteriormente, usted necesita preguntarles. ¿No sabe dónde empezar? Tengo unas cuantas preguntas de muestra para que vea cuáles se ajustan a usted.

### Preguntas para los mentores del dinero:

- ¿Qué hacen ustedes cuando pelean por el dinero?
- ¿Pueden recomendar un libro o página web que les haya ayudado en su matrimonio?

- ¿Qué ejemplo siguieron y qué han aprendido de sus propios mentores?
- ¿Me pueden decir acerca de alguna vez en que ustedes estaban de lados opuestos, pero llegaron a estar de acuerdo?
- Cuando llegan a un *impasse*, ¿cómo toman una decisión como pareja unida?
- ¿Hubo momentos en que ustedes quisieron darse por vencidos en su matrimonio? ¿Qué hicieron?
- ¿Qué métodos han usado para enseñar a sus hijos acerca del dinero?
- ¿Cómo manejan su presupuesto como pareja?
- ¿Qué consejo darían a una pareja con problemas?

## Volviendo a definir el liderazgo: Brian

Moverse de estar ocupado a estar con prioridades requiere un liderazgo enfocado. A menudo las parejas tienen problemas con quién debería encargarse del manejo del tiempo y el dinero. El problema con el liderazgo en el matrimonio no es quién guía, sino la definición del liderazgo propiamente dicho. Como sociedad, recibimos mensajes contradictorios en lo que respecta a lo que define al liderazgo o en qué debe consistir. Una malinterpretación común es que si usted es un líder, usted está encargado, es el mandamás; tiene todo bajo control.

Control no es liderazgo. El control es una ilusión. A causa de su naturaleza escurridiza, la persona que trata de ejercer dominio lo aprieta más fuerte en un esfuerzo por ganar y mantener un poder falso. El resultado manifiesta la falta y asfixia de la confianza. Cuando la meta es el control, su matrimonio no puede crecer, no tendrá éxito y no puede ser lo mejor posible.

La iglesia a menudo se equivoca en definir el liderazgo matrimonial. Pastores y teólogos con buenas intenciones señalan el liderazgo masculino en el matrimonio, pero usar este término tendencioso sin una explicación y exégesis profunda es peligroso. El «encabezado masculino» es una frase poco clara porque «encabezado» de otro modo se escapa del lenguaje vernáculo moderno. En serio, ¿quién dice: «Soy el encabezado de la oficina» o «Johnny es un gran encabezado de la ciudad»? Cuando usamos palabras poco comunes como *encabezado*, ponemos una carga demasiado pesada sobre la persona que está interpretando esas palabras. Falta de claridad es crueldad. Cuando se deja que la palabra sea interpretada libremente, aun gente con buenas intenciones escucha *cabeza* y piensa «encargado». Ese rastro conduce a las consecuencias de la meta del control.

La definición se revuelve y malinterpreta más cuando la iglesia habla de mayordomía en el matrimonio. Mayordomía es administración. *Usted maneja sus finanzas; usted no maneja a su cónyuge.*

Abusar de su autoridad sobre su esposa destroza su matrimonio. No confunda la autoridad de su posición con liderazgo. Hombres, permítanme hablarles por un segundo: ustedes no son los señores de sus esposas. Ustedes necesitan liderar sin enseñorearse. Ellas ya tienen un Señor. Sean líderes. Los verdaderos líderes se sacrifican. Los verdaderos líderes sirven. Los verdaderos líderes mueren a sus propios deseos diariamente. Esta manera de vivir prefiriendo a «otros primero» establece la confianza. Es más fácil seguir a alguien que usted sabe que está a su favor. Su tarea como líder involucra equipar a su esposa para que sea la mejor persona posible. Su tarea requiere que usted establezca y anime a su esposa. Esta manera de vivir amorosa, sacrificada, forjadora de confianza y capacitación guía a su familia bien. Si usted y su esposa no guían a su familia, otra persona lo hará.

Para no dejarle sin ningún consejo práctico sobre lo que es el sacrificio y el servicio, mencionemos unos cuantos. Proteja el horario de su familia. Empiece quitando las cosas no esenciales de su calendario. Programe tiempo intencional para las cosas que más importan, como orar por su cónyuge. Haga uso de sus capacidades realizando las tareas rutinarias de la casa que su esposa generalmente hace. Elija pasar tiempo con su esposa disfrutando pasatiempos, clubes, ligas de recreación, o una noche afuera solo para los chicos o las chicas. Haga más de lo esperado para expresar su amor por su esposa por medio de la manera en que ordena sus días.

Una de las mejores preguntas sobre liderazgo que usted puede hacerse viene de Andy Stanley, autor y pastor de North Point Community Church de Atlanta, Georgia: «¿Qué requiere el amor de mí?».[3] Si usted hace esta pregunta todos los días, naturalmente se dirigirá hacia el sacrificio y servicio. Siga a Jesús. Es difícil seguir a alguien que no puede decidir hacia dónde va. Si usted compromete su vida a aprender y aplicar lo que significa seguir a Cristo, entonces estará yendo en la misma dirección. Usted siempre tiene la misma constante. Cuando su esposa sigue su liderazgo, ella se mueve hacia una relación más estrecha con Dios porque esa es la dirección en que está yendo.

## Rompiendo la cita de noche: Cherie

Manejar bien el tiempo y dinero requiere pensar en forma diferente. A veces los ideales apreciados de otros se filtran en lo que creemos que deben ser nuestras finanzas y el romance. Necesitamos nuevos lentes para ver las viejas expectativas y la opinión ortodoxa. Si vamos a guiar bien nuestras vidas, tal vez incluso necesitemos apartarnos de la tradición.

Antes de siquiera empezar a pagar nuestras deudas, Brian y yo rompimos. Dijimos no más. Dijimos que ya no queríamos, adiós, sayonara. Permítame explicarlo.

En los primeros años de nuestro matrimonio, un consejo constante parecía merodear en muchas de las veces que salíamos. En seminarios, en células, durante sermones, repetidas veces escuchábamos que para continuar siendo felices en el matrimonio, necesitábamos una cosa —tener citas de noche con regularidad.

Así que lo intentamos. Pusimos una cita de noche en el calendario. Al principio probamos una vez a la semana. Después que nos dimos cuenta de lo difícil que era encontrar una niñera con regularidad sin irnos a la bancarrota, rechazamos eso y nos conformamos con una cita al mes. Pero luego la vida hizo de las suyas (¡ay, tan ocupados!), nos olvidamos de ponerlo en el calendario un mes, y nos sentimos como horrorosos seres humanos. Con la culpa en nuestro interior y la vergüenza sobre nuestros hombros, sentimos como que nuestro matrimonio no estaba a la altura de aquellos rockeros que tienen citas en la noche una vez a la semana. Ellos estaban destinados a tener aniversarios de oro y platino mientras nosotros obviamente estábamos condenados a la corte de divorcios.

Pero después nos dimos cuenta de que esas nociones eran estúpidas. Ninguna cita de noche, por más constante o fantástica que sea, hará que su matrimonio sea perfecto. No hay una fórmula mágica que al instante añada intimidad a su relación. Si la hubiera, definitivamente no se va a encontrar comiendo una cara tarta de queso, no importa lo deliciosa que sea.

Nosotros nos despedimos de tener citas de noche.

Antes que me malinterprete, yo no creo que tener citas de noche sea estúpido. No creo que usted sea estúpido si tiene una cita de noche. Pero sí pienso que como cultura hemos puesto demasiadas expectativas a las citas de noche. Sin darnos cuenta hemos puesto nuestras esperanzas y sueños en salir a cenar una noche a la semana, mientras otra persona cuida a nuestros hijos. Hemos dependido de sentarnos silenciosamente en el teatro, viendo cómo se desarrolla el último éxito de taquilla, para que se arreglen nuestros problemas de comunicación. Golf en miniatura, conciertos y visitas a las tiendas podrían proveer unos cuantos momentos de alivio de las ansiedades de la vida, pero a largo plazo no nos ayudan a descubrir el significado más profundo o promover la estimulación seductora de las finanzas. Si no se controla, la cita de noche se convierte más en averiguar a dónde estamos yendo o qué estamos haciendo en vez de tratarse de la persona con quien estamos. Peligrosamente transferimos lo que debería ser un tiempo para conectarse a una distracción temporal.

Entre el trabajo y los deberes de la casa, lo último que usted necesita es una actividad obligatoria más. ¿Significa esto que usted deje de programar un tiempo especial juntos? Por supuesto que no. ¿Significa que ya no es responsabilidad suya reavivar con regularidad su romance? De ninguna manera.

Sin embargo, pensar que las citas de noche sacuden la varita mágica a todos los problemas en su matrimonio es un error. De hecho, a veces, las citas de noche en forma regular causan problemas imprevistos, incluyendo problemas financieros. Podríamos ir a una planificada velada nocturna con expectativas poco realistas. Demasiadas comedias románticas han establecido un estándar borroso de Hollywood para lo que se supone que debe ser una cita de noche.

Él será el caballero perfecto, vestido de traje y con una flor recién cortada. Ella estará usando un vestido rojo sexi, con el cabello estilizado y un maquillaje perfecto. Compartirán una copa de vino en un restaurante caro riéndose de los eventos del día. Después de una cena de cinco estrellas, se tomarán de la mano mientras pasean por un canal y luego terminan la noche calientes y sudorosos, enredados en las sábanas.

Yo no sé quiénes son estas personas y cómo se metieron a mi cabeza, pero las citas de noche que hemos intentado palidecen en comparación. Generalmente Brian todavía está de traje después del trabajo así que esa parte es cierta. Todo lo demás se sale de la vista porque el canal más cercano está a treinta y cinco minutos de distancia, nosotros no podríamos ir a un restaurante caro, y mi cabello naturalmente rizado siempre está descontrolado (y generalmente con una cola de caballo).

¿Ha idealizado las citas de noche, haciéndolas algo que no lo son? Es hora de cambiar sus lentes.

Pasar tiempo juntos se ve diferente para todas las parejas. Cuando estuvimos pagando la deuda de 127.000 dólares, no teníamos el presupuesto para pagar a una niñera, y ni hablar de un restaurante lujoso. Hubiéramos estado felices de compartir una hamburguesa, pero estábamos haciendo que el salir de las deudas fuera nuestra primera prioridad. Gastar de más en una cita de noche no va a crear armonía; en cambio, produce problemas monetarios y la discordia conyugal.

Cuando se trata de una cita de noche, busque lo ordenado en lo ordinario. Al final, realmente no importa lo que usted haga, y gastar irresponsablemente nunca equivale a una relación armoniosa. En lugar de idealizar la cultura de tener citas de noche, trate de sacar tiempo de su horario normal para conectarse. Ca-da no-che. Esto elimina expectativas poco realistas y aumenta las posibilidades de conectarse de verdad.

Probablemente la manera más fácil de alcanzar esta meta, especialmente si tiene hijos, es comprometerse a tener horas fijas para acostarse tanto para usted como para sus hijos. Intencionalmente fije una hora específica para que todos ustedes se vayan a dormir y cúmplanlo. Programe la hora de dormir de sus hijos una hora o más antes de la suya (conforme crezcan sus hijos, esto se vuelve un poquito dificultoso, pero no es imposible). Use este tiempo para conectarse. Comparta un bocadillo. Jueguen algún juego. Use la guía en línea de *Su dinero, su matrimonio* para conversar sobre el dinero. Hagan el presupuesto juntos. Tómense de la mano en silencio. Evite la tentación de prender el televisor y no prestar atención a todo lo demás, o ver una infinidad de mensajes en sus cuentas de medios sociales.

Esta práctica de «des-citarse» reduce sus gastos (niñera + cena + entretenimiento = mucho dinero) y también canaliza el tiempo dedicado hacia una experiencia enfocada y con propósito. Además, la presión de una cita más en el calendario desaparece. Se pueden relajar y respirar juntos en vez de sentirse como que necesita marcar un casillero o añadir otra cosa a la lista de quehaceres. Después de todo, pasar tiempo juntos no debe sentirse como una cita con el doctor o una reunión entre padres y maestros.

Solo hay un requisito para cada una de sus des-citas, un abrazo de veinte segundos. La investigación científica continúa investigando y demostrando los beneficios saludables de la práctica de abrazarse. Los abrazos hacen toda clase de maravillas para su cuerpo, incluyendo la disminución de la presión arterial, la reducción del estrés, e incluso la sanidad de heridas más rápido (¡qué genial es eso!). Los estudios también muestran que abrazarse con regularidad y prolongadamente crea un lazo de confianza entre parejas amorosas.[4] Es muy probable que veinte segundos de un contacto a través del abrazo prolongado haga más para crear una conexión entre usted y su cónyuge que la cita de noche más lujosa de todas. Y obtiene la bonificación de vivir más tiempo también.

Va a sonar extraño, pero veinte segundos en realidad se siente como que fuese más tiempo de lo que piensa. El abrazo promedio dura solo tres segundos.[5] Pero luche contra los sentimientos de incomodidad y vaya con todo y dé un gran abrazo. Es difícil enojarse con alguien cuando abraza, y algunas de sus diferencias podrían desaparecer. Además, todo lo que tendría que perder serían veinte segundos de su tiempo.

## Deje que guíe la misericordia

Nosotros gastamos una cantidad de CD cuando estuvimos en la universidad. Para Brian, *Los éxitos más grandes de Neil Diamond*, *All Eyez on Me* de 2Pac, y *No Fences* de Garth Brook se tocaban en repetición. La lista de Cherie incluía *Nevermind* de Nirvana, *Pieces of You* de Jewel, *Jesus Freak* de dc Talk, y *Songs* de Rich Mullins. En una de las canciones de *Songs*, Mullins proclama que nosotros debemos «dejar que guíe la misericordia».

La misericordia —no nuestros calendarios o nuestras actividades extracurriculares o nuestras reuniones o nuestras oportunidades de trabajar de voluntario— deben guiar nuestros pasos. La misericordia debe reinar supremamente en nuestros hogares y nuestros matrimonios. La misericordia debe prevalecer en cada conversación que tengamos sobre el dinero. Pasar de estar ocupado a estar con prioridades requiere liderazgo dentro del matrimonio. El liderazgo fracasa sin la misericordia.

El verdadero liderazgo no deriva influencia de la autoridad de su posición o una lucha por el poder o la educación. No, el liderazgo en su esencia más pura es misericordia. ¿No florecería el matrimonio de toda la gente si abundara en misericordia? Pero nosotros seremos los primeros en reconocer que la misericordia no es fácil. Y en un mundo donde todos parecen querer parte de nuestro tiempo y las buenas oportunidades sobreabundan, es probable que siempre luchemos con el ajetreo.

Nosotros hemos estado en el mismo grupo comunitario por más de una década. Durante diez años, nos hemos reunido los jueves en la noche a las 6:30 p.m. Aunque no siempre conveniente, el compromiso tiene prioridad en nuestro calendario. Sabemos que crecemos en nuestra fe y que nos acercamos más cada vez que estamos presentes. Sabemos que la gente en nuestro grupo espera que nosotros amemos y respetemos nuestro matrimonio y manejemos bien nuestro dinero. Sabemos que si traspasamos los límites, alguien amorosamente interviene. Debido al valor de la comunidad que compartimos, los jueves en la noche están tomados.

A principios de nuestro matrimonio, nuestros mentores sugirieron que si teníamos hijos solo dejarlos que participen en un deporte a la vez. Este sabio consejo protegió a nuestra joven familia a medida que nuestras hijas crecían. No importa lo fabuloso que fuese la oportunidad, nosotros tomábamos las cosas una temporada a la vez en vez de programar nuestros horarios por partida doble. La necesidad que compartimos de tener descanso con regularidad y momentos de intimidad estaba por encima de las actividades extracurriculares.

Mientras estábamos pagando las deudas, descubrimos que sin la comunicación semanal ninguno de nosotros podría conocer el estado de nuestras finanzas. Las conversaciones con regularidad acerca de los ingresos y los gastos próximos se volvieron indispensables. El sueño que compartimos de vivir libres de deudas exigía reuniones presupuestales a propósito.

Como pareja, determinen sus valores, necesidades y sueños. Al hacerlo, ustedes guían sus vidas en vez de dejar que la vida los guíe a ustedes. El tiempo priorizado y el manejo del dinero ofrecen el espacio que necesita en su calendario para que usted y su cónyuge se conecten. Y cuando digo conecten, quiero decir a todo nivel... con palabras y guiñando el ojo sin palabras.

## Preguntas de discusión

1. ¿Se siente muy ocupado? ¿Qué herramientas y estrategias usa usted para ayudarle a combatir la atracción del ciclo atareado?
2. Brian dijo: «El margen en nuestras vidas protege la santidad en las sábanas». ¿Cómo el ajetreo y la falta de margen pueden matar la intimidad en los matrimonios?
3. Cherie, citando al señor Kalugyer, dijo: «No me importa lo bueno que usted sea. Usted tiene que recibir la dirección de alguien». ¿Tiene usted un mentor del dinero? Si usted pudiera hacer una pregunta acerca del dinero, la intimidad y el matrimonio a una pareja feliz en el matrimonio, ¿cuál sería?
4. Genere una lluvia de ideas para producir una lista de parejas a las que tal vez quisiera acercarse para que sean mentores del dinero. ¿Qué les permite a esas parejas que le hablen con respecto a su vida?
5. Brian dijo: «Si usted no guía a su familia, otra persona lo hará». ¿Cuándo ha resultado esto ser cierto en su

propio hogar? ¿En su crianza? ¿En la vida de los amigos o conocidos?

6. ¿Alguna vez ha idealizado exageradamente una cita de noche? ¿Qué sucedió cuando sus expectativas no se cumplieron?

---

## Promoviendo la estimulación seductora de las finanzas

- Planifique su propia cita de noche creativa. Conviértala en una «des-cita» planeando los detalles juntos y gastando la menor cantidad de dinero posible. Ya sea un paseo por el vecindario tomados de la mano o pasar el tiempo en el sofá juntos soñando a lo grande acerca de su futuro, mantenga el plan simple y significativo.

- Pruebe el experimento del abrazo de veinte segundos. Durante una semana, abrace a su cónyuge cada día por lo menos veinte segundos. Si quiere, grabe su abrazo totalmente vestido (en serio amigos, no se pasen) y súbalo a YouTube o Instagram usando el hashtag #YourMoneyYourMarriage. Comparta cómo le hizo sentir abrazar por un prolongado período de tiempo.

## CAPÍTULO 6

# ¿Quién es el jefe?

## De ejercer control a tener confianza

---

*La mejor manera de averiguar si usted puede*
*confiar en alguien es confiar en esa persona.*

**ERNEST HEMINGWAY**

A nuestra hija Zoe le encanta el día de campo. A ella le encanta la competencia, el frenesí de fin de año, y, por supuesto, ganar. Le encanta las carreras con obstáculos, las competencias a pie, las paletas, y el evento mayor de cualquier día de campo —el tira y afloja con una cuerda entre las chicas y los chicos. Con gran anticipación, la enviamos para que terminara el tercer grado en el mejor día del año. Cubierta de bloqueador solar y armada de una botella de agua que llevaba su nombre, ella sonreía de oreja a oreja.

Sabíamos que cuando ella regresara a casa contaría las historias más fabulosas (y más largas) del día y nos daría 150 razones por qué este fue su momento vislumbrante, su más alto logro y el día más lleno de historias de sus nueve años de existencia. Por eso estuvimos muy sorprendidos cuando ella saltó del bus escolar esa tarde y se puso a llorar tan pronto como sus pies tocaron la entrada de la casa, declarando: «¡El peor! ¡Día de Campo! ¡En mi vida!».

Una mirada rápida a su rostro justificó su reacción dramática. Un bulto grande y morado estaba hinchado debajo de un ojo. Desde la base de su cuello hasta su oreja izquierda picaba una raspadura roja larga y ancha. Ella parecía como que la hubieran aventado en un callejón oscuro en vez de haber asistido a la escuela primaria del vecindario. Conforme empezamos a desglosar los eventos del día, tratando de llegar al meollo de todo esto, mientras también determinábamos si ella necesitaba más atención médica, las piezas encajaron.

El ojo que pronto estaría negro fue una lesión accidental causada por la puerta de la cancha del juego de pelota. Pero el raspón en su cuello —una quemadura de una soga— lo precipitó su evento favorito: el tira y afloja. Parece que si bien las chicas habían prevalecido al jalar la bandera por encima de la línea para marcar la victoria, esto dejó a los chicos enojados por el resultado. Frustrados (y probablemente avergonzados), todo el equipo de chicos continuó jalando en dirección opuesta después que las chicas bajaron la guardia. El resultado lanzó a Zoe al suelo con una larga y gruesa soga recorriendo su cuello. ¡Ay!

Fue una batalla de los sexos, una lucha por el poder y el control. El tira y jale propinó a un equipo egos heridos y por lo menos uno de los participantes del otro lado una lesión física que tardaría semanas en sanar. Nuestros instintos protectores querían aparecer a la hora del almuerzo al día siguiente y poner en fila a cada uno de los chicos responsables no solo por lastimar el cuello de nuestra bebé, sino también por estropear su día favorito del año. Alguien necesitaba enseñarles una lección de la vida por excelencia: cuando usted pierde un juego de tira y afloja, deje en el suelo la soga.

Pasar de tener control a tener confianza en nuestros matrimonios, especialmente cuando se trata de temas calientes como el sexo y el dinero, podría parecer más a un tira y afloja de escolares de lo que quisiéramos reconocer. Tal vez sea porque ambos queremos tomar todas las decisiones. Quizás sea porque nos gusta la idea de estar al mando. Tal vez sea porque a ambos nos encanta ser el centro de atención. O tal vez es simplemente porque nadie representó una imagen sana de lo que es confiar el uno en el otro. El problema es real; jalamos de un lado al otro la soga de nuestra relación, empujando y jalando para salirnos con la nuestra. Mientras tanto, nosotros ejercemos poder como locos, desestimando imprudentemente los efectos dañinos hacia la otra persona. Cuando las parejas casadas dejan a un lado las ganas de controlarse, pasan a un lugar de confianza. Si bien quizás es más fácil decirlo que hacerlo, existen estrategias concretas para ayudarle a usted y su cónyuge a empezar a confiarse mutuamente y finalmente soltar la soga.

## El de las lilas, los dientes flojos, y Judith Light: Brian

Mis tres temores más grandes en orden inverso: las lilas, los dientes flojos y Judith Light. Hace tiempo, las alergias de la temporada me afligían con toda una vida de sufrimiento y consternación, así que puedo racionalizar mi desesperada respuesta a las que de otro modo serían flores inofensivas. Si bien es más difícil explicar el motivo, los dientes flojos me dejan atontado y todo se vuelve confuso como que estuviera a punto de recordar una escena chistosa.

Antes de casarme, y mucho antes de tener hijos, este temor irracional me llevó a hacer un trato unilateral: Cherie se encarga de los dientes flojos, y yo limpio el vómito de nuestros hijos. Hasta la fecha, Cherie no ha jalado un solo diente. En su astucia, ella enseñó a las niñas a que se jalaran sus propios dientes. Nosotros tenemos dos hijas. Yo he limpiado y desinfectado los residuos de muchos virus estomacales. La cantidad de dientes que tiene un niño es finita, pero la cantidad de veces que a un niño le da ganas de vomitar es inconmensurable. Sin importar ello, aún considero que fue el mejor trato... en toda... mi vida. Yo no quiero ver su diente flojo. De algún modo la sangre, las heridas en la cabeza, un brazo roto en tres partes, y todas las otras cosas grotescas que van con la crianza de hijos no me afectan. Todo el mundo tiene lo suyo, supongo.

Si la honondasdontiafobia (temor de perder dientes) que me diagnostiqué suena un poquito loco, entonces mi injustificable temor de la comediante de la década de 1980 Judith Light debe parecer loco de remate. Mire, estoy seguro de que ella es una maravillosa persona. Pero si por casualidad están pasando una repetición de su serie exitosa *Who's the Boss?* [¿Quién manda a quién?], me echo un clavado hacia el control remoto como si estuviera protegiendo un pelotón de una granada encendida, aun si no es mi control remoto. ¿Quiere usted que cuente secretos nacionales? Ahórrese el problema de torturarme y solo ponga un episodio de *Who's the Boss?*, porque así le confesaré todo antes que pasen la primera propaganda.

Después de reflexionar sinceramente, me di cuenta de que Judith Light no era mi verdadero temor. Generalmente, yo excusaba mi incomodidad culpando sus inmensas hombreras de futbolista americano. Pero en esencia mi genuino desdén se origina en algo distinto a la horrorosa moda de los 80. Hay una lucha atrincherada en lo más profundo de mi corazón por la controversia de quién es el que manda. Recuerde, la premisa de este programa se centra en esta tensión. ¿Fue el personaje de Judith Light, Ángela, una ejecutiva profesional de publicidad? ¿O fue el personaje de Tony Danza, Tony, un jubilado beisbolista que se convirtió en amo de llaves? Tony y Ángela no estaban casados, pero si no se resuelve, el mismo conflicto aumenta hasta que quebranta nuestras propias relaciones. Quién es el que manda (o ¿quién manda a quién?) en su matrimonio demuestra ser una pregunta crítica. La Biblia nos ilumina sobre esta pregunta antigua:

> Sométanse unos a otros, por reverencia a Cristo. Esposas, sométanse a sus propios esposos como al Señor. Porque el

esposo es cabeza de su esposa, así como Cristo es cabeza y salvador de la iglesia, la cual es su cuerpo. Así como la iglesia se somete a Cristo, también las esposas deben someterse a sus esposos en todo.

Esposos, amen a sus esposas, así como Cristo amó a la iglesia y se entregó por ella para hacerla santa. Él la purificó, lavándola con agua mediante la palabra, para presentársela a sí mismo como una iglesia radiante, sin mancha ni arruga ni ninguna otra imperfección, sino santa e intachable.

**EFESIOS 5.21-27**

Tal vez estamos haciendo la pregunta equivocada cuando decimos: «¿Quién es el que manda?». Tal vez una mejor pregunta es: «¿Quién está guiando nuestro dinero y nuestro matrimonio?». Cuando leemos Efesios 5, a veces el lector solo ve la palabra *sumisión*. Cierra la Biblia. Se acabó todo, no quiero escuchar eso. Pero antes que reaccione, si Dios es uno de los valores que usted comparte, la Biblia le ayudará a resolver estos complicados problemas y aliviar el conflicto.

Los valores que usted comparte guían todo en su matrimonio.

Fíjese en el versículo 21: «Sométanse unos a otros, por reverencia a Cristo». Se supone que la sumisión es mutua. Lo que es más importante, la sumisión mutua surge de la reverencia a una persona: Jesús. Cuando usted se somete a su cónyuge, se está sometiendo a Cristo mismo. No confunda la sumisión con la subyugación. Un cónyuge que se enseñorea de otro contradice el plan de Dios. La sumisión mutua honra a Dios y nos recuerda que todo le pertenece a él. Su dinero. Su matrimonio. Su vida. Que a uno se le confíe grandes dones no quiere decir ser dueño de nada. Cuidar y ocuparse de su dinero, matrimonio y vida es un mandamiento bíblico. Reconocer la sumisión mutua como un valor y una verdad orientadora en su vida puede suscitar el despegue de su viaje hacia el abandono del control.

Una vez que las parejas abandonan la búsqueda del control, ellas conservan y maximizan la confianza. La gente sensata edifica grandes matrimonios sobre el fundamento de la confianza porque la confianza conduce a la intimidad. Las viejas heridas sanan y las cicatrices de la batalla desvanecen en un recuerdo distante cuando dejamos de aferrarnos a algo tan ilusorio como el control. Controlar las conductas económicas, y aun peor, controlar las conductas en la cama abrirán grietas en fundamentos que de otro modo serían firmes. Los cónyuges descubren la paz en vez del conflicto cuando cesa la poco realista y siempre perdedora lucha por el control.

Al final, las parejas casadas no se clasifican según quién sea el que mantiene a la familia o quién sea más inclinado a las cosas caseras. *El matrimonio no es una competencia. Es una colaboración.* Ángela necesitaba a Tony y Tony necesitaba a Ángela (sinceramente, Ángela necesitaba que Tony descosiera esas hombreras, ¿no es verdad?). Usted necesita a su esposa. Usted necesita a su esposo. Ustedes mejoran mutuamente y pueden lograr sueños casi inalcanzables descansando en su interdependencia en vez de pelear por tener el dominio.

## El dinero, el sexo, la vulnerabilidad y la impotencia: Cherie

Yo detesto totalmente vomitar. Tengo un reflejo de náuseas, y, por lo tanto, antes que Brian y yo decidiéramos casarnos, yo promoví lo que considero que fue mi mejor movida económica de todos los tiempos. Él limpia el vómito de cualquiera de las niñas, y yo ayudo y asisto cuando se trata de dientes flojos. En realidad, no me molestan los dientes flojos, así que me pareció que este trato fue excelente. Además, como le dije a Brian, si trato de limpiar las cosas, probablemente me va a dar náuseas, así que él se estaría encargando del doble del vómito.

Mi inteligencia (léase: pura suerte) se vio en despliegue conforme pasaron los años. Nuestra primera hija exitosamente sacó todos sus dientes de leche. La segunda hija jaló la mayoría de los suyos también. Solo un año o dos quedaban y mi parte del trato se había cumplido bien. Las responsabilidades de Brian probablemente durarán por lo menos otra década.

Regresemos a mis problemas personales con el estómago. Sinceramente, me da asco hasta escribir las palabras o pensar en todo el proceso. Historia real: si leo en Facebook que alguien en su familia ha agarrado a un bicho, yo me voy inmediatamente al fregadero y me lavo las manos. Sin embargo, mis problemas probablemente no tienen nada que ver con el acto físico, pero se derivan de mis propios problemas con el control.

(Inserte el interludio musical de Janet Jackson).

Tengo miedo de perder el control. Tengo miedo de sentirme impotente. Tengo miedo de estar subyugada, de que me mangoneen, o limiten.

Pero el matrimonio (si va a ser exitoso) rutinariamente requiere que cada uno abandone el control, hagamos a un lado lo que queremos, nuestras expectativas, deseos y anhelos. Necesita una actitud de «usted primero» y «¿En qué le puedo ayudar, no importa lo que cueste?».

Quizás cuando por primera vez fuimos al altar, idealizamos que, por supuesto nosotros pondríamos voluntariamente las necesidades de nuestro cónyuge por encima de las nuestras. Es decir, después de todo, estamos enamorados. ¿Quién no quisiera hacer eso? No obstante, en la práctica, el amor en acción es mucho más desafiante. Usted probablemente ha descubierto esta simple verdad, digamos, en la primera semana (o primeros días) de casados.

Antes de avanzar demasiado, quiero hacer una declaración bien clara de lo que *no* quiero decir. Hacer a un lado su control no es igual a someterse al abuso. Si su esposo la ataca con violencia física, en forma manipuladora retiene o exige relaciones sexuales, usa lenguaje despectivo, o la excluye de cualquiera de las finanzas de su hogar, entonces su relación necesita consejería profesional. Si su seguridad (o la seguridad de sus hijos) está en peligro, entonces necesita buscar albergue inmediatamente y contactar las autoridades. Usted es amada y valiosa. Por favor pida ayuda.[1]

Mi lucha de toda la vida con las ideas del matrimonio y control se originaron en un aula de una pequeña y vieja Escuela Dominical de una iglesia pintoresca en el área rural de Indiana durante mis años en la escuela secundaria. Cada semana mi amiga (la única otra participante de la clase) y yo nos sentábamos en sillas plegables, tratando de no quedarnos dormidas, mientras la esposa del pastor nos llenaba de preguntas.

En la mente de la instructora, estas preguntas tenían respuestas sucintas y específicas. No se nos permitía hacer más preguntas en respuesta. Una semana cuando lo hicimos, ella oró a Dios para que sanara nuestros corazones «contenciosos». Una vez que llegamos a casa y buscamos la palabra *contencioso* en el diccionario (en la época antes de Siri, aquí), nos enojamos bastante.

Un domingo en particular, ella explicó el matrimonio en el contexto de la fe. Ella empezó a hablar de temer a su esposo. En mi cabeza varias preguntas pubescentes empezaron a chocarse. Pero no me atreví a hacerlas en voz alta. Mi amiga, quien siempre fue un poquito más osada que yo (y tal vez más contenciosa), sí hizo una pregunta de seguimiento.

—Un momento, espere. ¿Se supone que debemos estar asustados de nuestros futuros esposos? Eso no suena bien.

—Bueno no como si estuvieras asustada de una película de terror —la esposa del pastor dijo—. Pero ¿sabes?, así como que realmente quieres agradarle. Por ejemplo, cuando le haces su primer pastel, tienes miedo de saber si le va a gustar o no.

(P.D. Bienvenida a mi psiquis fracturada. Da un poquito de miedo aquí, y aún estoy tratando de entenderlo). Este fue un mensaje confuso y casi aterrador para que lo reciba una chica de once años como yo. Yo no tenía la menor idea de cómo siquiera hacer un pastel o que Brian (a quien no conocería hasta más de una década después) iba a requerir que le hiciera pasteles. Y, caramba, ¿ahora tengo que tener miedo de mi futuro esposo *y* de hacer pasteles?

Mientras mis axilas empezaban a sudar y mi estómago se retorcía, la idea del matrimonio comenzó a parecer innecesaria. ¿Quién quiere pasar su vida entera en temor? Por supuesto yo empaqué estas inseguridades, dudas y pensamientos confusos cuidadosamente en mi equipaje psicológico y espiritual y rápidamente me olvidé de ellos. Avance diez u once años, y yo me había llevado esas ideas hasta el altar y nuestra luna de miel. En un lapso de uno o dos años, empecé a darme cuenta de que mi completo rechazo de las ideas de la esposa del pastor habían causado una dañina corrección exagerada, en la que ahora yo anhelaba ser el centro de mi propio matrimonio.

Yo quería tomar las decisiones. Tal vez no cuando se trataba de las decisiones que tomaba Brian, pero con certeza cuando se trataba de determinar mis opciones económicas. Y a estas alturas usted sabe que este tipo de mentalidad por parte de ambos produjo una enorme cantidad de deudas. Cuando usted compra lo que quiere, cuando quiere, y su cónyuge hace lo mismo, usted termina gastando más de lo que gana. Cuando detesta la idea de un presupuesto porque controla lo que puede hacer o no, no da en el blanco para obtener seguridad financiera en el futuro cada vez que lo hace. La ilusión de tener el control conduce exactamente a lo opuesto cuando se trata de su dinero y su matrimonio. Usted termina con sus finanzas y su relación rápidamente fuera de control.

Todo esto es para decir que la idea de ceder el control me da miedo. Pero entendamos bien una cosa. Nunca hay que temer un pastel, solo hay que saborearlo y devorarlo. Sin embargo, típicamente yo compro los pasteles porque mis habilidades de repostería nunca se desarrollaron, aun después de las amonestaciones de mis años adolescentes.

El temor de ceder el control acosa a muchos de nosotros conforme vamos en pos de vivir felices para siempre. Ya sea que estemos desnudas delante de nuestros esposos o abramos nuestras carteras para compartir nuestros recibos, tememos no solo una pérdida del control sino también de juicio. En la cama, cada una de nuestras imperfecciones están claramente en exhibición —cada arruga, cada mancha, cada deformación pequeña de nuestros torsos— todo empieza a notarse, se vuelve abiertamente visible a nuestro esposo o esposa. De la misma manera, cuando abrimos nuestras chequeras y vidas financieras, cada error, cada compra impulsiva y cada evidencia clara y concreta de precisamente cómo hemos desperdiciado nuestro dinero, todo está al descubierto.

Esto es verdaderamente aterrador.

También ofrece una invitación. Una gran parte del matrimonio gira en torno a aprender a ser vulnerable el uno con el otro en medio de nuestras imperfecciones. Es un baile delicado lleno de increíble tensión. Quizás en el fondo de nuestras almas cuestionamos si alguien pudiera amarnos si supiera cuán llenos de fallas realmente estamos. ¿Podemos confiar completamente nuestros cuerpos defectuosos y nuestros errores económicos a nuestros cónyuges? ¿Podemos dejar de controlar y edificar una relación donde abandonamos las riendas del poder? ¿Podemos verdaderamente confiar en nuestras parejas?

Hacerlo nunca sucede sin riesgo o el agobiante temor de estar desnudo y expuesto delante de alguien. El autor Alain de Botton le habla a estos temores y ese gran riesgo del matrimonio con las siguientes palabras: «El matrimonio termina en una lotería esperanzada, generosa, infinitamente bondadosa que juegan dos personas que aún no saben quiénes son o quién podría ser la otra persona, uniéndose a un futuro que no pueden concebir y que cuidadosamente han evitado investigar».[2]

En vez del terror, nosotros acudimos a la esperanza. Sí, cada uno de nosotros es «menos» de muchas maneras. Metemos la pata y no damos en el blanco todos los días (por favor dígame que no estoy sola aquí). Sin embargo, cuando empezamos a exponer nuestros errores a nuestros esposos o esposas con un espíritu de humildad, nos atrevemos a apostar a la confianza. Nos atrevemos a dejar que seamos vulnerables, y comenzamos a entender que quizás podemos ser amados mientras nos dejamos al descubierto, con todas las imperfecciones.

Recientemente, escuché un *podcast* donde un monje franciscano exploraba una teología de la vulnerabilidad. Él reflexionó en cuántas de las oraciones de la fe cristiana empiezan con las palabras *Dios todo-poderoso*. Verdaderamente, la mayoría de creyentes están de acuerdo en que Dios es todopoderoso, el Creador del universo, Aquel que colgó las estrellas, todo mientras derramaba su gran amor sobre ellas. Sin embargo, el monje prosiguió a proclamar la verdad de que Dios es igualmente vulnerable.[3]

La propia encarnación de Jesús es un ejemplo de la vulnerabilidad de Dios. Él vino a la tierra en la forma de un indefenso bebé. En vez de volar por los cielos, montado sobre un rayo, él se formó en un vientre, una mezcla de diminutos capilares y tierna piel. Sí, él es Dios todopo-deroso, pero también es Dios todo vulnerable. Y quizás entiende un poquito más del temor de estar desnudo delante de otra persona de lo que pensamos.

Su acto de renuncia al control dentro del matrimonio y dirigirse hacia la confianza es un acto de adoración. Cuando usted elige presen-tarse completamente a su cónyuge, usted promueve la estimulación seductora de las finanzas, derribando barreras temerosas para acer-carse mutuamente en una atmósfera abierta de confianza cuando se trata del dinero y la intimidad. Pero mucho más que eso, usted vuelve a crear una semejanza a Cristo marcada en su alma. Usted refleja la propia naturaleza de Dios en sus decisiones.

Dejar el fuerte control que hemos puesto sobre nuestro dinero sufre muchos altibajos en los momentos desafiantes y los tranqui-los. Entregar cosas a Dios, con el tiempo, se vuelve más natural, pero para mí nunca se vuelve más fácil. Yo con regularidad tengo que arrancar mis dedos de las áreas de la vida que se me hacen difí-ciles de soltar. Pero nunca es sin esperanzas. Cuando dejo la ilusión de ser capaz de controlar mi matrimonio o la vida, generalmente estoy consciente de la gran liberación y libertad que producen mis acciones. Dejar ir —pasar del control a la confianza— me hace sentir totalmente viva.

Cuando estoy dispuesta a dejar ir mi necesidad de controlar, mis ojos se abren a nuevas posibilidades. Mi matrimonio florece con el fruto de la confianza. Cuando se trata del dinero, es menos probable que yo piense que Brian está tratando de encontrar algo malo que esté haciendo y en cambio empiezo a entender una visión de ambos trabajando juntos hacia metas financieras comunes. El fundamento que edifiquemos juntos con confianza cuando se trata de las finanzas que compartimos también trae como resultado una conexión física más profunda. En vez de ver sus insinuaciones amorosas como su intento de obtener algo de mí, yo comienzo de entender que nuestras interacciones físicas vulnerables mutuas me ofrecen la oportunidad de edificar una mayor confianza dentro de nuestro matrimonio.

## El estacionamiento de 1.300 dólares: Brian

Al salir del estacionamiento, pasé mi tarjeta de crédito por la máquina automática, se levantó la vara cruzada, y yo pisé el acelerador. Mientras iba disparado a una reunión que empezaba en treinta minutos, se me ocurrió que algo andaba mal. Con mis ojos fijos en el camino apropiado para regresar a la oficina, no había observado el costo exorbitante del estacionamiento. El recibo me llamó la atención al llegar al semáforo, y exclamé: «¡Trescientos dólares!». En el siguiente semáforo, me las ingenié para llamar al número telefónico en el recibo. Por la gracia de Dios, la gerente de la compañía del estacionamiento, Sheila, contestó el teléfono, lo cual, ella posteriormente me informó, ella rara vez hace. Por su generosidad, Sheila revisó una lista de transacciones del garaje de donde había salido y me aseguró que no había un cobro de 300 dólares. Mi alivio fue fugaz cuando ella declaró: «¡Ah, querido amigo, es peor que eso! Usted gastó 1.300 dólares. Nuestras máquinas no pueden imprimir esa cantidad de dígitos en un recibo así que seguramente se cortó el 1».

«¿Qué? ¡Yo solo estuve parqueado dos horas!». Ya que Sheila era la gerente del estacionamiento más simpática en la historia de esta profesión, ella estuvo de acuerdo en revisar el recibo una vez que yo pudiera enviárselo.

Aunque tenía poco tiempo disponible, con reuniones una tras de otra y la necesidad de enviar un correo electrónico a mi nueva mejor amiga, Sheila, mi atención se tornó hacia nuestras finanzas. *Mil trescientos dólares realmente arruinarán la cuenta corriente si no hago algo rápidamente*, pensé yo. Nuestro presupuesto no incluía el pago de 1.300 dólares por el estacionamiento en un garaje del centro de la ciudad. Pero yo estaba manejando, y usted no debe hacer operaciones bancarias y manejar al mismo tiempo. Así que llamé a Cherie. «Necesito que transfieras dinero a la cuenta corriente. Acabo de gastar 1.300 dólares en estacionar el carro». Si bien esto es extraño decir, estoy seguro de que fue aun más extraño escucharlo. Mis circunstancias limitaban mis opciones y me forzaron a ir al grano. Esas dos oraciones fueron todo lo que le dije a Cherie antes de terminar la llamada.

Después de unos cuantos intentos fallidos de escanear y enviar el recibo por correo electrónico a Sheila, finalmente le mandé una foto. Sheila canceló el cobro excesivo. Resulta que unos cuantos meses antes yo me había quedado en un hotel donde, al entrar, el estacionamiento me dio un boleto parecido al del garaje de Sheila. Sin embargo, los clientes salían del garaje del estacionamiento usando las llaves de sus habitaciones. Por la fuerza de la costumbre, yo puse el boleto de Sheila exactamente en el mismo sitio donde había puesto el boleto del hotel. Cuando me estiré para alcanzar mi boleto para salir del garaje de Sheila, agarré el boleto del hotel. La máquina del garaje de Sheila leyó el código magnético del boleto del hotel y me cobró tres meses de estacionamiento. Sheila quitó el cobro de 1.300 dólares y me compensó por mi parqueo porque la máquina de su garaje no debió haber leído el código de otro garaje. ¡Qué alivio y qué gran servicio al cliente!

Llegué a casa unas horas después, olvidándome completamente del cobro del estacionamiento de 1.300 dólares que sucedió anteriormente en ese día. Cherie, por otro lado, recordó. Ella preguntó:

«¿Entonces por qué tuve que transferir 1.300 dólares?» Yo inmediatamente le pedí disculpas por no haberla llamado después de haberse resuelto el problema y le expliqué lo sucedido. Confirmamos la anulación de la transacción y trasferimos 1.300 dólares de regreso a nuestra cuenta de ahorros. Eso fue todo lo que se discutió entre Cherie y yo.

Aparte de un complicado plan para conseguir estacionamiento gratis en el centro de la ciudad, nosotros aprendimos dos lecciones importantes de la tremenda falla. Primero, tener 1.300 dólares puede prevenir un desastre económico. Años de frugalidad, esfuerzo, y pago de deudas nos llevó al punto en que mi error de 1.300 dólares no nos hubiera quebrado. Unos cuantos años antes, un inesperado golpe de 1.300 dólares hubiera sobregirado nuestros fondos y causado que rebotara una letanía de cheques. Estoy seguro de que mi conversación con Sheila tampoco hubiera tenido éxito; y ni qué decir de mi conversación con Cherie. *El estrés económico inhibe la comunicación eficaz.*

La segunda y más poderosa lección que aprendimos: la confianza lleva tiempo. Cherie confiaba en mí lo suficiente para saber que si yo había hecho una petición confusa, debía ser legítima —vergonzosa, pero legítima. La confianza inquebrantable no sucede de la noche a la mañana. Puesto que yo no había hecho múltiples peticiones económicas extrañas y excesivas en el transcurso de nuestro matrimonio, Cherie confió en mí sin vacilaciones en un momento crítico en el que el tiempo era muy limitado. Ella no fue dura, no se asustó, ni siquiera llamó después para preguntar: «¿Hiciste qué?». Para lograr un nivel más alto de confianza con sus finanzas y mucho más, siga los siguientes hábitos.

**Sea coherente.** Cuando diga sí, que sea sí y cuando diga no, que sea no. La coherencia promueve la estimulación seductora de las finanzas. ¿Por qué? *Porque cumplir con su palabra es sexi.* Cuando usted le hace cualquier clase de promesa a su cónyuge, el saldo en su «cuenta de confianza» sube. Cumplir con sus compromisos económicos produce confianza en todas las áreas de su matrimonio, incluyendo la cama. Es más fácil hacer una promesa que cumplirla. Las parejas que están de acuerdo con un plan económico y se apegan al plan saben que pueden confiar el uno en el otro. Cherie confió en mí en mi metida de pata del estacionamiento porque soy coherente con mi frugalidad y me abstengo de hacer movidas económicas tontas. Cherie desarrolló confianza conmigo al no reaccionar exageradamente por mi error en las finanzas y la falta de atención.

**Un voto es un voto.** Comprometerse con su plan económico no se trata de los cinco, diez, o cien dólares que gastó o ahorró, sino de un compromiso sagrado. En el matrimonio, todas las promesas son sagradas. Cuando están de acuerdo en las finanzas y cumplen, el compromiso comunica un mensaje sin palabras: «Ella toma en serio esto» o «Él realmente va a cumplir sus promesas». El mensaje se traduce aun con más profundidad porque establecer confianza en sus finanzas desarrolla confianza en sus votos. «Él hace lo que dice que va a hacer» trasciende las finanzas. Si usted puede encargarse de las cosas pequeñas, podrá encargarse de las grandes. Podría parecer tonto que cumplir una promesa pequeña como «No voy a comprar mi café matutino» durante solo un par de semanas demuestra compromiso no solo con el presupuesto, sino también con su pareja.

Ganarse la confianza prestando atención a los detalles evoca un precepto bíblico. Considere las palabras de Lucas 16.10-13: «El que es honrado en lo poco, también lo será en lo mucho; y el que no es íntegro en lo poco, tampoco lo será en lo mucho. Por eso, si ustedes no han sido honrados en el uso de las riquezas mundanas, ¿quién les confiará las verdaderas? Y si con lo ajeno no han sido honrados, ¿quién les dará a ustedes lo que les pertenece? Ningún sirviente puede servir a dos patrones. Menospreciará a uno y amará al otro, o querrá mucho a uno y despreciará al otro. Ustedes no pueden servir a la vez a Dios y a las riquezas».

**Empiece con lo pequeño.** Empiece a lo grande o váyase a su casa no es la respuesta aquí. *Los pasos firmes de las decisiones pequeñas con el tiempo allanan el terreno hacia el pináculo de la confianza.* Si usted avanza hacia lo que es demasiado grande, demasiado rápido, fallará con *F* mayúscula. Por ejemplo, en vez de dejar la costumbre de tomar su café matutino, usted decide dejar el café, la cafeína, el azúcar, los sustitutos del azúcar, la carne, los medios sociales, la televisión por cable, los videojuegos y todos sus hábitos fastidiosos (ah, claro que los tiene). Voy a jugar a las probabilidades aquí y apostaré con toda seguridad que usted va a fallar, rotundamente. Cuando usted le declara intenciones nobles a su cónyuge y se queda corto en una hora o menos, la recuperación lleva más tiempo de lo que usted se imagina. Sin embargo, si usted empieza con metas alcanzables, y persiste con el tiempo, su cónyuge notará más éxitos que fracasos. Mediante la confiabilidad y la fortaleza, usted lentamente suelta el control y firmemente desarrolla la confianza.

**Sin ningún secreto acerca del dinero.** Nada rompe la confianza financiera más rápido que descubrir secretos acerca del dinero. Los secretos destruyen las finanzas del hogar y hacen trizas la intimidad. Guardar secretos acerca del dinero conlleva a guardar secretos de asuntos amorosos extramatrimoniales. Engañar a su cónyuge empieza por algún lado. Guardar secretos acerca del dinero le entrena a mentir a su esposo o esposa con propósitos egoístas. Es infidelidad financiera. La infidelidad financiera es como un primo cercano de la infidelidad conyugal. Tienen el mismo apellido. Al principio, se escapará mintiendo y el secreto parecerá seguro. Al final, guardar el secreto habitualmente crecerá y se entrometerá en toda su relación. El secreto en las finanzas puede ser algo como: «Me gusta tener dinero en efectivo guardado en secreto para que él no sepa lo que compré» o «Tengo una cuenta corriente solo a mi nombre porque él/ella no puede manejar el dinero» o el extremo «Espero que ella no sepa de la deuda de 100.000 dólares de mi tarjeta de crédito que acumulé por apostar por la Internet». Si es la versión más pequeña, deje de hacerlo. Si se inclina hacia el lado más grande de un secreto financiero, ponga este libro en una mesa inmediatamente y llame a su pastor o un consejero para que la ayude a seguir lo que tiene que hacer para que lo confiese.

## Pedaleando hacia adelante: Cherie

Para mi cumpleaños de cuarenta años, Brian me compró el deseo más profundo de mi corazón, una bicicleta de paseo estilo antiguo marca Huffy. Mi dulce bicicleta amarillo patito vino totalmente adornada con una canasta adelante, un agarrador de vasos hecho justo para mi paseo a Starbucks, y un compartimiento separado de tamaño perfecto para mi iPhone —la música podía salir por los parlantes mientras pedaleaba por la calle. Yo rápidamente conseguí un adorable casco para poder pasear por el vecindario e ir y regresar del gimnasio. No pude haber estado más feliz. Hasta que realmente me senté en la bicicleta por primera vez.

Me olvidé que la última vez que manejé una bicicleta sin frenos de mano yo tenía aproximadamente diez años. Me encanta manejar bicicleta. Pero tres décadas de frenar sin usar los pies es un hábito difícil de romper, y, aunque usted no lo crea, no me acordé de las cosas «como quien maneja una bicicleta». Aterrada, me vi incapaz de parar completamente y patinando hacia el tráfico en sentido contrario. En un breve momento de pánico, contemplé decirle a Brian que no podía manejar el muy ansiado objeto de mi afecto. Él iba a tener que devolverla inmediatamente al lugar de donde vino.

Parada al final de la entrada de la casa con mi corazón latiendo fuertemente y mi bicicleta balanceándose entre mis piernas, sabía que tenía que tomar una decisión. Podía poner mis pies en los pedales y avanzar, o podía voltear y parquear la bici en nuestro garaje. Parquear la bici era mi opción más segura. Después de todo, si no la manejaba, no iba a poder raspar mis rodillas o atropellar a un ganso enojado en un intento fallido por detenerme. Pero en ese momento, empecé a pensar en todo de lo que me perdería si eligiese la opción más conservadora: sin viento en mi rostro, sin un aumento de endorfina por ir cuesta abajo, sin quemar calorías extras, dejando que me diera el gusto con un helado en cono en un día caluroso. Mi parálisis en tomar una decisión iba y venía entre lo conocido y lo desconocido, la preservación y la aventura. Lo que pareció horas hasta que concluyera la primera canción de mi lista musical, y sabía que necesitaba hacer algo.

Así que, con poca fanfarria, empujé y pedaleé por la calle. Más de una vez me encontré regresando a mis viejos hábitos, apretando manijas invisibles en un intento de bajar la velocidad. Temerosa de perder el equilibrio si me paraba para pedalear, subí cuesta arriba sentada y mis latidos de corazón se aceleraron más. Ese primer viaje me dejó sudorosa y con las manos entumecidas de haber agarrado las manijas como tenazas. Pero lo logré. Y un viaje tras otro, empecé a agarrarle el gusto a esa nueva bicicleta. Aunque mis temores no han desaparecido completamente, el diálogo interior antes de empezar dura solo unos cuantos segundos en vez de toda una canción.

De la misma manera en que manejar mi bicicleta Huffy amarilla hizo que me quedara paralizada con la duda y el temor, los matrimonios pueden paralizarse después de la infidelidad económica y sexual. Las consecuencias nos dejan debatiendo al final de una metafórica entrada de la casa matrimonial. ¿Podemos confiar otra vez? ¿Debemos simplemente parquear nuestra relación y dejar las cosas como están? ¿Pesa más el riesgo del paseo que la posible recompensa? No son preguntas fáciles de contestar y viajar a través de ellas requerirá mucho más tiempo que una sola pista de su lista musical.

No pretendo decir que Brian y yo hayamos luchado exactamente con los mismos problemas que usted y su cónyuge. Pero hemos sido testigos de la experiencia de algunos de nuestros amigos más cercanos con el golpe de las promesas rotas y la infidelidad sexual. Conocemos a parejas que batallaron con el dolor causado por un cónyuge al hacer unas compras mayores (léase: en un momento, un vehículo terriblemente caro) sin el conocimiento del otro. La confianza rota hace una grieta en cada voto matrimonial, haciendo que nos cuestionemos si podemos depender de cualquier cosa que se haya prometido. El dolor de cada pequeña fractura se esparce en un millón de direcciones, fragmentando nuestros corazones y causando división.

Recuerde, la estimulación seductora de las finanzas requiere movimiento. No podemos simplemente esperar y desear lo mejor. No podemos permanecer estáticos, congelados en el viaje. Tenemos que pedalear. Debemos movernos hacia adelante. Tenemos que recoger los pedazos, pegarlos, orando por un mosaico en vez de un caos. Sí, nuestros hábitos viejos y aburridos probablemente se meterán a nuestros cerebros y los ritmos de nuestros movimientos. Pero con el tiempo, podemos aprender a confiar en nuestros esposos y esposas y las promesas que nos hicimos.

El jurado aún está deliberando si voy a dejar mi diálogo interior del temor a manejar la bicicleta antes de empezar a salir por la calle. Tal vez sea un conflicto de toda una vida entre mi cabeza y mi corazón. Pero sí sé que cada vez que me arriesgo a confiar, el temor pierde un poquito. Y la recompensa de arriesgarse sobrepasa mucho el posible desastre. No, yo no puedo controlar mi adorable bicicleta amarilla o mi matrimonio. Pero puedo disfrutar el paseo.

## Suelte la soga

Así como Zoe con las quemaduras de soga en el día de campo, tal vez hemos sido lastimados por un cónyuge que está luchando por tener el control. Sobregiramos la cuenta. Asumimos las finanzas y la cuenta bancaria con una actitud hostil. Hacemos compras mayores sin hablar con nadie. Acumulamos más deudas con la tarjeta de crédito en secreto. Si nuestro cónyuge descubriese la verdad, la intimidad y la confianza en nuestras relaciones disminuirían. Si él o ella aún no lo saben, nosotros dolorosamente nos encogemos de vergüenza, temiendo que se descubran nuestras transgresiones financieras.

No obstante, nuestras historias no tienen que terminar allí. Debemos decidir soltar la soga y empezar a formar una relación en base a la confianza mutua en vez de tratar de controlarnos. Permanecer en los mismos patrones poco saludables produce los mismos resultados poco saludables. Una y otra vez, nos perseguimos tratando de ejercer nuestro poder y salirnos con la nuestra. Se desarrolla un horrible ciclo de control sin verdaderos ganadores. En el mejor de los casos, nos aferramos al final de nuestra soga, jalando y presionando, inmóviles en la pelea. En el peor de los casos, uno de nosotros yace herido en el suelo con la soga alrededor de su cuello.

Es hora de dejar la soga para que podamos...

- volver a pensar en nuestra definición de sumisión.
- darnos cuenta de que las únicas conductas que podemos controlar son las nuestras.
- reconocer nuestra necesidad de ser vulnerables y cómo el ser vulnerables refleja el amor de Jesús por nosotros.
- arriesgarnos a tomarle la palabra a nuestros esposos o esposas, aun si nos mintieron antes.

Perder el control invoca el temor. Confiar en su cónyuge requiere valentía. Usted fomenta la estimulación seductora de las finanzas cuando elige la confianza por encima del control, la valentía por encima del temor.

## Preguntas de discusión

1. ¿Tiene usted algunos temores raros o graciosos como los temores de Brian de los dientes flojos y Judith Light?
2. «La sumisión mutua honra a Dios y nos recuerda que todo le pertenece a él». ¿En qué forma reconocer que todo —especialmente nuestro dinero y nuestros matrimonios— le pertenece a Dios cambia su perspectiva de quién es el que manda?
3. Con su cónyuge, hablen de lo que refleje la vulnerabilidad saludable en el contexto de su

matrimonio. Luego mencione casos en que usted se sintió vulnerable en la cama. En un ambiente de grupo pequeño, describa momentos vulnerables sobre el dinero en su matrimonio.

4. ¿Cuál es la cantidad máxima que usted alguna vez ha pagado por un estacionamiento? ¿Cómo hubiera reaccionado al cobro de 1.300 dólares del estacionamiento de Brian? Haga un juego de roles con su cónyuge para representar la llamada telefónica. Pretenda llamar a su esposo o esposa por teléfono y diga: «Necesito transferir 1.300 dólares a la cuenta corriente» y vea a dónde lo lleva esto. Luego invierta los roles.

5. Describa su primera bicicleta. ¿Cuándo decidió arriesgarse a pesar de estar asustado? ¿Cuál fue el resultado?

## Fomentando la estimulación seductora de las finanzas

- Es hora de sincerarse. Comparta cualquier secreto, lucha o tentación financiera que no se lo haya dicho a su cónyuge. Después que ambos hayan tenido tiempo para divulgar sus imperfecciones, oren juntos, pidiéndole a Dios que les ayude a pasar del control a la confianza. Si es necesario, saque una cita con su pastor, un consejero de finanzas, o un consejero matrimonial para que le ayude a resolver esos problemas desafiantes.

- Hablando en confianza: Alguien le choca el carro por atrás cuando usted se dirige del trabajo a la casa. Su hijo o hija se cae de las barras para juegos infantiles y se rompe un brazo. Su calentador de agua tiene fugas por todos lados y necesita ser reemplazado. ¿Qué haría usted en circunstancias económicas estresantes e inesperadas? Discuta y determine un plan de acción en caso de desastres.

## CAPÍTULO 7

# ¿Dónde dijo que estaba?

## De desordenado a organizado

———

*Un buen sistema acorta el
camino hacia la meta.*

ORISON SWETT MARDEN

Durante los primeros tres años de nuestro matrimonio, servimos como directores del grupo de jóvenes de una iglesia local. Padres nos confiaban a sus adolescentes para recibir cuidado, instrucción y sabiduría, por lo visto sin notar que nosotros teníamos solo unos cinco años más que la mayoría de los estudiantes. Nosotros rutinariamente invitábamos a los adolescentes a nuestra casa —un modesto apartamento construido alrededor de 1975 de dos habitaciones, un baño, en el segundo piso, con escaleras que salían a la calle. No teníamos la menor idea de lo básico que era el complejo hasta que un padre nos pidió la dirección y miró casi horrorizado cuando le respondimos.

Los primeros nueve meses de vida matrimonial pone a prueba a cualquier pareja. Ya que nos casamos a una edad joven, la curva de aprendizaje fue empinada. Aprendimos a cocinar y limpiar nuestro propio espacio sin que un padre o asistente de residencia estudiantil chequee nuestro trabajo. Nosotros mantuvimos en equilibrio estudios de postgrado, trabajos, y el ministerio juntos por primera vez. La compra de comida, el lavado de ropa, el pago de cuentas, y el mantenimiento del carro se volvieron nuestra responsabilidad conjunta. Los desafíos de juntar las finanzas, la organización de la casa, y patrones de conducta de veintidós años (buenos y malos) nos encontraron dentro de esas paredes increíblemente delgadas de nuestro primer diminuto apartamento. A propósito, aún no estamos seguros por qué esos padres estaban tan preocupados. Era un vecindario seguro. La policía visitaba el complejo casi todas las noches.

Nos encantaría decirle lo bien que pasamos esa experiencia de luna de miel, cómo cada detalle de nuestra nueva relación se acopló sin ningún percance. Sin embargo, estamos seguros de que usted está adivinando que eso sería una mentira completa, lo cual sería cierto. Hay bastantes frases y palabras precisas para describir esos primeros meses de alegría conyugal —felices y dulces, inocentes y repletos de vida. Un gran lío, ¿también? Un lío grande y apestoso en todo el sentido de la palabra, pero mayormente manifestado en relación con nuestro espacio físico.

Nuestro pequeño apartamento parecía rebalsarse de todo lo sucio —ropa sucia, platos sucios, zapatos sucios, encimeras sucias. El revoltijo externo reflejaba también el estado de nuestra cuenta bancaria. Sin presupuesto o metas financieras, un revuelo de recibos nos nublaba más que la nube de polvo de Pig-Pen en la caricatura *The Peanuts*. El caos produjo estragos en nuestra vida sexual también. Una noche invernal, nuestra flojera hizo que durmiéramos en nuestro abultado sofá cama «de resortes salidos» porque éramos demasiado perezosos para guardar la ropa limpia que estaba en nuestra cama. Sencillamente digamos que una incómoda posición reclinada y culparnos el uno al otro por el caos no conduce a una noche ardiente de pasión.

Como niñitos que se rehúsan a guardar sus juguetes, estábamos poniendo en marcha prácticas y sistemas que llevarían años en deshacer. A través de nuestras fallas, empezamos a identificar una necesidad de cambiar nuestras conductas para evitar que cayéramos en el agujero negro de nuestro propio caos. Aunque usted probablemente no verá a nuestra casa actual exhibiéndose en una página web de organización, nosotros pusimos prioridad a pasar de un revoltijo esparcido a un proceso organizado en nuestra casa y nuestras finanzas.

Inundados con demasiadas cosas, nuestra cultura rebalsa de exceso. Y el revoltijo económico conduce a problemas más grandes que un armario abarrotado. Tener sus cosas constantemente esparcidas dificulta más estar conectado en su matrimonio. Y si su vida es un caos, probablemente no saltará a la cama cada noche listo para el romance. Como puede ver, nuestras vidas exteriores e interiores están estrechamente relacionadas. Y si nuestro espacio físico es un revoltijo, probablemente nuestro estado interior empezará a sentirse como un revoltijo también. La estimulación seductora de las finanzas requiere pasar de un estado desorganizado al terreno de la organización. Visualícese preparando el ambiente para el romance; es muy probable que usted no arroje basura por todos lados. Fomentar la verdadera intimidad para su dinero y su matrimonio surge de un lugar de orden y paz, no de caos.

Los cambios filosóficos e incluso los cambios de corazón son un buen comienzo, pero no son suficientes. Cuando las parejas pasan por un período de transición hacia la organización de sus hogares y finanzas, su relación se vuelve más plena.

## Ordene su dinero: Brian

Cuando estaba en mi último año en la universidad, llegué a casa y hallé a mi compañero de cuarto afuera, riéndose de la desgracia de un trabajador de servicio público. Sucesos extraños a menudo ocurrían alrededor de ese bungalow alquilado de mediados de siglo, así que mi compañero de cuarto burlándose de un hombre usando un casco, aunque cruel, estaba a la altura de ello. Rehusándome a interrumpir a otro ser humano, pregunté cuál fue el chiste. Resultó que el hombre era de la compañía de agua y había tenido problemas abriendo el acceso a la cañería principal de nuestra casa. Él había aplicado demasiada fuerza de torsión, rompió su herramienta, y arruinó sus esfuerzos. Me perdí del chiste. A mi compañero de cuarto le pareció chistoso porque el empleado de la compañía de agua trató de desconectar el agua y falló. Si bien a él le pareció la situación jocosa, el hecho que no se había pagado la cuenta de agua me puso furioso.

Mi compañero de cuarto tenía la responsabilidad de pagar ciertas cuentas. Yo le pagaba mi parte cada mes y él hacía un cheque para la compañía de servicios públicos... o al menos eso era lo que se suponía. Al parecer, en su confuso sistema, él recogía el correo antes que yo y ponía las cuentas en un cajón de la cocina. Él confesó que después que las cuentas estaban en el cajón, él las ignoraba. Mi parte del pago de las cuentas también desaparecía en el cajón junto con su contribución. Él no estaba desfalcando o ni siquiera en una situación económica desesperada; simplemente era muy descuidado. Cuando mi compañero de cuarto abría el cajón de las cuentas, sobres, dinero en efectivo y facturas caían al piso de la cocina. Aparte de quemar las cuentas, es difícil imaginarse un método más ridículo del manejo de las finanzas. Su sistema esparcido, aunque cargado de las mejores intenciones, estaba condenado al fracaso.

Un sistema financiero desordenado (o la carencia de uno por completo) secuestra su futuro financiero. Espero que usted no tenga un descuidado cajón repleto de cuentas que no se han pagado o que se les venció la fecha de pago. Hasta las finanzas caseras mejor mantenidas se benefician del ordenamiento periódico. Si usted ha acarreado costos de intereses en sus tarjetas de crédito, costos de pagos tardíos por cualquier factura, costos de uso del cajero automático, costos de sobregiro, o si ha gastado más de la cuenta, o hecho alguna compra impulsiva, o se ha puesto muy nervioso porque se olvidó que era la fecha de pagar una cuenta, o ha sido humano, el ordenamiento puede prevenir problemas económicos.

Sin embargo, el ordenamiento puede tentarle a empezar a limpiar toda su casa. Envuelto en el trabajo, usted pasa por alto la pieza más esencial del rompecabezas —el presupuesto. Lo entiendo, el ordenamiento físico causa un impacto visible al contrario del intangible presupuestar. Pero, como una fuga invisible de monóxido de carbono, la falta de un presupuesto mata a las parejas desprevenidas. El presupuesto de su hogar sirve como un sello para evitar que el dinero se fugue de sus manos y suena una alarma si detecta que algo está mal.

Nosotros sugerimos que haga que el presupuesto sea lo más físico posible. Cuando usted escribe las cosas, su cerebro tiene más probabilidad de recordar la experiencia.[1] Recordar su presupuesto le ayudará a mantenerse dentro de sus pautas. Escribir su plan financiero también hace que se sienta más real que una abstracta hoja de cálculo. Usar el método analógico con su presupuesto también elimina las distracciones. La bandeja de entrada no hace tin, no surgen notificaciones de videos de gatos, y uno no es tentado a recorrer la pantalla para ver las fotos del nuevo bebé de su primo. Este proceso incluso lo pone a usted y su cónyuge literalmente en la misma página al mismo tiempo. Decida poner su presupuesto analógico en una carpeta o archivo específico en un espacio asignado de común acuerdo en su casa. Pelee contra la tentación de dejar su plan en la mesa de la cocina o meterlo en el cajón de un escritorio. Este pequeño mapa del tesoro económico personal guía el futuro de su familia. Trátelo con cuidado.

Juntos, y desnudos si es posible (porque todo es mejor cuando se está desnudo), escriban sus ingresos en la parte superior de la página y clasifique sus ofrendas, ahorros y gastos. Para una guía completa de cómo establecer porcentajes para las ofrendas, ahorros y gastos, consulte la guía en línea de *Su dinero, su matrimonio*. Quita sorpresas: ofrendar y ahorrar o pagar las deudas deben estar antes que gastar.[2] Aunque no es obligatorio, reuniones de presupuesto desnudas bajan sus defensas y hacen que la práctica sea más divertida. Si usted opta por una sesión con ropa puesta, aparte tiempo para besuquearse después de haber completado la tarea. Pero regresemos a los puntos básicos: haga una lista de todo lo que planea gastar a principios de mes y esté de acuerdo con el plan. Presupuestar eficazmente requiere que se gaste menos de lo que ganan los dos juntos. Las chequeras que cuadran son sexi. Establecer las finanzas de su hogar juntos lleva a la confianza.[3] La divulgación, el mutuo acuerdo y un plan escrito compartido crean confianza. Según una encuesta reciente de *Money*, «las parejas que le confían a su cónyuge las finanzas se sentían más seguras, discutían menos y tenían vidas sexuales más realizadas».[4]

Los presupuestos personifican las promesas sagradas que promueven nuestros valores, suplen nuestras necesidades y nos ayudan a alcanzar los sueños que compartimos. Después de años de ayudar a la gente en sus vidas financieras, recientemente aprendí una verdad simple que no me cabía en la cabeza. Esto es algo que cambia vidas. *La palabra* presupuesto *en inglés contiene... espere un momento... la palabra* budge (que en inglés significa cambiar). Parte de tener un presupuesto significa que usted tiene que cambiar. Su cónyuge tiene que cambiar, pero usted también. Ambos deben participar en el proceso, sugerir y hacer cambios.

Una vez que están de acuerdo con el plan de gastos, crean un sistema que funcione para ambos. Ya que las parejas están diseñadas en forma diferente, su sistema organizativo —sean formularios presupuestales de papel, *software* de presupuestos como Quicken, o una aplicación como Mint— tal vez no funcione con su cónyuge. *Usted no se ha casado con su sistema; se ha casado con su cónyuge.* Así que no sea terco y desista. Aferrarse egoístamente a un sistema que solo funciona con usted aleja a su cónyuge de los asuntos financieros. Al final, forzar a su cónyuge a que use un método extraño es contraproducente. La estimulación seductora de las finanzas consiste en estar al mismo ritmo entre su dinero matrimonial y la intimidad. Separarse del ritmo fiscal unido le hará perder el compás.

Los presupuestos traen armonía y le impulsan hacia un mayor ordenamiento financiero —evaluar la condición actual de su dinero y lidiar con cualquier revoltijo (piense en las deudas, facturas sin pagar, montones de recibos y metas no muy claras). Cuando ambos ven por escrito lo que están gastando, uno, sino los dos, tendrán una reacción visceral. Aterrados por lo mucho que han gastado en restaurantes o en suscripciones de revistas que no han leído, eliminarán inevitablemente ciertos gastos. Este chequeo de la realidad puede requerir examinar las categorías porque acordaron en dejar de gastar más de lo que ganan. Menos gastos son más fáciles de manejar y tienen un impacto importante en la formación del matrimonio. Haga menos cheques, tenga más sexo. Esta máxima no solo es verdad porque rima; es verdad porque hacer cheques es una distracción estresante que le quita la energía que se puede consumir... bueno, en otras cosas.

¿No sabe dónde empezar el proceso de preparación del presupuesto? Si bien este capítulo se concentra en las estrategias organizativas prácticas, pasamos un capítulo entero enfocándonos en la rutina del presupuesto personal en *Slaying the Debt Dragon*.[5] También hallará tres formularios de presupuestos que se pueden imprimir gratis en la guía en línea de *Su dinero, su matrimonio* para empezar a trabajar minuciosamente en los aspectos prácticos de sus finanzas. Una vez que ha puesto su presupuesto por escrito, todavía quedan varias tareas para ordenar las finanzas. Hacer las siguientes preguntas y estar de acuerdo con las respuestas serán de ayuda.

**¿Estoy siendo gentil?** Proverbios 18.21 nos recuerda: «En la lengua hay poder de vida y muerte». La gentileza y la empatía con su cónyuge generan vida. La intimidación y la crítica matan las probabilidades de tener éxito. Empiece sus conversaciones con frases como: «Te amo. Hagamos un plan juntos». Escuche las preocupaciones de su cónyuge. No hable mientras la otra persona habla. Haga preguntas geniales como: «¿Cuál es la mejor manera de ahorrar para comprar eso?» o «¿Qué cambios podemos hacer para ayudarte a tener más paz?». Evite respuestas duras, incluyendo: «¡Estás equivocada!» y «Sé que no sirves para esto». Piense cuidadosamente en las palabras que esté usando y el impacto que ellas tendrán en su matrimonio.

**¿Qué tan a menudo debemos tener reuniones de presupuestos?** Cuando usted y su cónyuge intencionalmente repasan las metas para las ofrendas, los gastos y los ahorros juntos (desnudos o no), está teniendo una reunión de presupuestos. Usted debe tener estas «citas de dinero» a menudo. Al principio, sus reuniones deben ser mensuales si no lo son semanales. Nosotros disfrutamos citas mensuales de dinero durante varios años, y nos sentimos extraordinariamente cómodos hablando de dinero. Ahora, después de mucha práctica y comunicación diaria, Cherie y yo tenemos reuniones relativamente largas dos veces al año. Pronosticamos nuestros gastos y el plan económico con seis meses de anticipación. Mantener una visión amplia nos permite que no pasemos por alto las cuentas semianuales como el seguro del auto y de vida. No obstante, cada día (a veces múltiples veces al día), hablamos de la entrada y la salida del flujo del dinero de nuestro hogar.

**¿Dónde pone sus facturas?** Evite el cajón ignorado de la cocina. Designe un lugar que las facturas puedan llamar casa. Asegúrese que usted y su cónyuge sepan y entiendan dónde pertenecen las facturas que no se han pagado. Acuerden en pagar las cuentas a tiempo para evitar los cargos morosos como si fueran la plaga.

**¿Cómo registra los recibos?** Lo confieso, de vez en cuando mi billetera guarda montones de recibos. Afortunadamente, Cherie revisa la cuenta bancaria por la Internet por lo menos una vez al día y sabe en tiempo real cuando he hecho una compra. Ella luego ingresa la información de los recibos en el *software* del manejo financiero, Quicken. Otras herramientas útiles incluyen Microsoft Money, Every Dollar, You Need a Budget [Necesita un presupuesto para cada dólar] de Dave Ramsey, Mint.com y Mvelopes. Ingrese los recibos al sistema localizador de gastos y el registro de su chequera lo más pronto posible.

**¿Necesito un archivero?** ¿Estamos en 1973? Desorden es desorden aun si no lo puede ver. «Si no lo veo no me preocupo» es uno de los mantras más peligrosos en las finanzas personales. Personalmente, nosotros mantenemos un mes de facturas físicas en un tacho en el escritorio de Cherie. Puesto que todas nuestras facturas de costumbre, las cuentas bancarias y las inversiones permiten el acceso por la Internet, no hay necesidad de montones de papeles impresos. Cuando llega una nueva factura en papel, la antigua se deshecha. Usted debe, sin embargo, mantener documentos originales del título del carro, pólizas de seguro de vida y automóvil, títulos de propiedades, testamentos, directivas adelantadas, partidas de nacimiento, y por lo menos un estado de cuentas de cada una de sus entidades financieras en un lugar seguro, como una caja fuerte a prueba de fuego. No se olvide de organizar sus finanzas digitales también. Nosotros tenemos marcadas las páginas web de nuestras facturas e inversiones en el navegador web de la computadora de la casa.

**¿Con qué frecuencia «cuadra la cuenta de su chequera»?** Esté siempre al tanto de esto. A menos que usted no haga transacciones, la solución más segura es a diario. Unos cuantos minutos al día le ahorrará horas después. La generación de nuestros padres típicamente hacía esto automáticamente cuando escribían un cheque nuevo, manteniendo al día un registro de papel de los ingresos y los gastos. Aun si su banco reconcilia automáticamente sus cuentas en una aplicación o *software* financiero, usted necesita confirmar lo que ha gastado y ganado. Ambos cónyuges necesitan crear el hábito de ingresar por la Internet y ver los saldos de las cuentas para evitar sobregirar, gastar de más y comunicarse erróneamente.

**¿Debemos automatizar?** Pagar las cuentas lleva tiempo. La automatización hace el trabajo por usted y evita cargos morosos. Si usted pone sus cuentas de servicio público para que automáticamente retiren los fondos de su banco, confirme que siempre tendrá suficiente dinero para pagarlas. Si sus ingresos varían, tenga en cuenta que estas necesidades básicas vienen antes que otros gastos. La administración del presupuesto con regularidad asegura que siempre habrá suficiente dinero en la cuenta para poder tener luz y agua. Para las cuentas de servicio público que fluctúan con la temporada, investigue opciones como facturación presupuestaria. La compañía de servicios públicos estima por adelantado su factura y hace un promedio de la cantidad durante doce meses. Una cantidad fija y constante simplifica su presupuesto familiar.

**¿Debemos usar sobres?** Popularizado por Dave Ramsey, pero en existencia décadas antes, el sistema de sobres es un método para organizar y proteger su presupuesto diario.[6] El concepto básico implica poner una cantidad determinada de dinero en efectivo en sobres separados destinados para diferentes áreas de gastos: comestibles, salir a cenar, entretenimiento, ropa, etc. Tal como compartimos en el capítulo 3, usted gasta menos en efectivo que con tarjetas de débito o especialmente de crédito.[7] Los consumidores a menudo asumen que las tarjetas de crédito promueven el gasto responsable y ofrecen recompensas que valen la pena como millas aéreas, devolución de dinero en efectivo, o descuentos por la Internet. Pero los datos muestran que los usuarios de tarjetas de crédito en realidad gastan más dinero que si usaran dinero en efectivo, lo cual quita el valor a las recompensas de esos programas.[8]

El sistema de sobres evita que usted gaste excesivamente mediante lo que los psicólogos llaman el efecto de partición. Cuando cualquier cosa se divide en partes más pequeñas, el consumo disminuye. Sean galletas, rodajitas de papa, o dinero en efectivo, dividir el todo en porciones individuales hace que una persona se detenga y piense antes de darse una comilona.[9] De modo que usar sobres para proteger la administración de sus gastos es una estrategia inteligente para no exceder el presupuesto.

Aun si usted opta por «sobres» digitales, usted entrena a su cerebro a que no se pase de la raya. Para fines ahorrativos, nosotros tenemos cuentas bancarias por la Internet para categorías como gastos de Navidad, vacaciones, mantenimiento y reparación de vehículos, y arreglos de la casa. Poner un determinado porcentaje de nuestros ingresos en estos «sobres» en vez de dejar el dinero en nuestra cuenta corriente nos ayuda a rutinariamente ahorrar dinero para las metas financieras.[10]

## ¿Qué pasa con este revoltijo? O los Osos Berenstain o demasiadas cosas: Cherie

Imagínese. 1984. Indiana rural. Cherie, de primer grado, se sienta en un escritorio de una pieza en un polvoriento salón de clase de una escuela de ladrillos rojos de tres pisos construida en 1910. Con ansias, ella mira alrededor a los demás escritorios; muchos recibieron el codiciado premio «Ordenado a la perfección». Si bien ella recibió muchas condecoraciones ese año, incluyendo el venerado honor a la «Callada como un ratón», este escurridizo elogio siempre parecía escaparse de sus manos. No era porque ella quería ser desordenada; era simplemente que su cerebro siempre explotaba con una nueva y emocionante aventura, dejando poco tiempo para limpiar las secuelas de la última. Un escritorio con desparramados lápices, papeles, crayolas, libros y toda variedad de gomas (en palito, botella, y pasta) acababa con cualquier intento de limpieza.

El orden (o su carencia) continúa siendo una lucha de toda la vida para mí. Vestuarios desordenados seguían a escritorios desordenados, y dormitorios desordenados iban tras de ello. Luego vino el matrimonio y los bebés y el desorden crecía y crecía. Los juguetes se aparearon y se reprodujeron como conejos. Los platos se amontonaban en el lavadero. El monte Santa Ropa Sucia sobresalía como un revoltijo enredado. Muchas veces el desorden producía la pérdida de algunos artículos cruciales; estoy segura de que pasamos tres de los primeros quince años de matrimonio buscando mis llaves.

Pero independientemente de cuánto problema tenga con la tarea de mantener las cosas ordenadas, una verdad permanece: el desorden físico distrae. El desorden nos impide hallar lo que necesitamos, nos hace desperdiciar el tiempo y evita que nos enfoquemos en lo que verdaderamente importa. Los ambientes establecen el estado de ánimo para la estimulación seductora de las finanzas. Ninguna pareja alcanza metas financieras mientras está sumergida en el caos y un revuelto en el mantenimiento de cuentas. «Los expertos dicen que en los EE. UU., del 15 al 20 % de nuestros ingresos anuales se pierde por las finanzas desorganizadas».[11] Así que si los ingresos en su hogar llegan a 50.000 dólares al año, usted podría estar desperdiciando 7.500 a 10.000 dólares debido al desorden cada año. Casi la cuarta parte de todos los norteamericanos pagan sus cuentas tarde porque no las pueden encontrar. Más del 10 % de los hogares alquilan depósitos de almacenamiento para guardar cosas extras que no entran en sus casas. Como nación, pasamos casi una hora al día buscando cosas nuestras que no podemos encontrar. Al final, compramos duplicados. Por último, pero no de menos importancia, los desperdicios de la comida pueden alcanzar un total de 2.275 dólares al año para una familia de cuatro personas.[12]

Asimismo, el desorden disminuye la vida sexual. Imagínese planificando la velada romántica por excelencia con su esposo. ¿Cómo se vería el lugar? Tal vez se imagine una hermosa cama cubierta de pétalos de rosas rojas, media luz y notas cadenciosas de música adorable llenando la atmósfera. Apuesto que su velada ideal no incluye mirar montones de cosas que ni siquiera quiere y una montaña de ropa vieja que quiso donar hace seis meses. Si usted es como la mayoría de norteamericanos, usted es dueño de demasiadas cosas, y las cosas desorientan los matrimonios y simultáneamente vacían las chequeras.

Durante la última década, la organización del hogar se ha transformado en un ídolo en nuestra cultura. A medida que se determinó que al dios anterior de recolectar cada vez más cosas le faltaba algo, nosotros desarrollamos una sed por controlar todas las cosas. La demanda por depósitos de almacenamiento, tiendas especializadas en contenedores y expertos en organización se fue por las nubes. Los autores escribieron libros de gran éxito de ventas, y los productores desarrollaron exitosas series de televisión basadas en la administración de nuestras pertenencias personales y lo que sucede cuando se pierde el control de ser dueño de demasiadas cosas.

¿Qué es lo que tiene el matrimonio que atrae a gente totalmente opuesta? El introvertido se muere por la extrovertida. El espíritu espontáneo cautiva al carácter calculador. El pragmático y la soñadora, la artista y el científico, la chica coqueta y el monaguillo, el chico malo y la chica de al lado —la lista de parejas contradictorias se expande más de un kilómetro. De manera verosímil, en su matrimonio uno de ustedes tiende a mantener las cosas bien ordenadas mientras que la otra se siente más cómoda con el desorden. Ahora mismo todos los ordenados están bailando de felicidad, esperando que *finalmente* vaya a convencer a las Mary desordenadas para que cambien. O tal vez sea el desordenado Marvin quien necesita barrer con todo antes de poder arrasar con Nora.

De las mismas maneras en que Brian habló de ordenar su dinero, aprender a manejar el revoltijo en su hogar depende de moverse hacia prácticas mejores, no de convertir a su cónyuge a su sistema específico o concepto del mundo. Deben moverse el uno hacia el otro, física y metafóricamente en medio del revoltijo. Para la mayoría de nosotros este proceso es, bueno, caótico. Mezclar colectivamente su crianza y costumbres personales y convertirlos en uno requiere negociación. A menudo quizás no sabía que ni siquiera había un problema hasta que tuvo una discusión sobre el asunto. Yo pasé por eso.

El desorden en su hogar causa caos en sus finanzas y sufrimiento en el lecho conyugal. En mi esfuerzo por reducir mis malas decisiones y costumbres, investigué un poquito acerca del desorden. Consideré consultar a Marie Kondo, autora *best seller* del *New York Times*, para investigar el método KonMari. Pero al final, me conformé con un confiable dúo de autoridades de mi niñez —Jan y Stan Berenstain. En su obra de gran influencia, *The Berenstain Bears Think of Those in Need* [Los Osos Berenstain piensan en aquellos en necesidad], Jan y Stan esbozan la lucha angustiosa que enfrentan muchas familias —la batalla de tener demasiadas cosas. La siempre sensata mamá osa tramó eliminar de su casa todos los juguetes, juegos, cañas de pescar y hasta algunas cosas suyas extras. La familia decide dar los artículos que ya no usa a otros osos en necesidad (reservaremos para otro día la discusión de cómo tal vez debieron haber regalado artículos nuevos a los desafortunados). El libro cierra con la familia de osos viajando a casa en ese glorioso convertible rojo, sintiéndose contentos por su generosidad, pero viendo de reojo las vitrinas de las tiendas por el feriado, codiciando cosas nuevas que ahora quieren comprar.[13]

Usted y yo no nos diferenciamos mucho de esos ositos. Nos esforzamos en botar los cachivaches, pero tan pronto como lo hacemos, nos hallamos queriendo cosas nuevas que los reemplace. Y así se repite el ciclo de comilonas y purgas una y otra vez conforme sacamos bolsas plásticas de basura llenas de cosas usadas y después traemos más bolsas plásticas de tiendas de departamentos y grandes cadenas minoristas. Al final, las cosas nunca son suficientes y el desorden exterior refleja el estado interior de nuestras almas.

Su situación externa refleja su condición interna. Por eso el desorden es importante. Para aquellos de nosotros que tenemos problemas con el orden, es fácil no darle importancia al desorden. Después de todo, lo que está adentro siempre cuenta más que lo que está afuera, ¿verdad? Sí y no. Nuestro entorno físico fluye de la estimulación seductora de las finanzas y luego influye en ella. El producto cíclico del caos repite el curso de acción a más no poder hasta que es imposible la intimidad. El desorden obstruye el espacio entre esposos y esposas. No hay sitio para tener una visión en común o compartir la cama en medio del caos físico y económico.

Así que para las Mary desordenadas como yo, admitir que el desorden es importante es el primer paso de un viaje sanador de pasar de desorganizado a llegar a ser más organizado. Nota: Dije *llegar a ser* organizado. Todos estamos en un proceso de desarrollo. Dar ese primer paso de aceptación no es suficiente. Tenemos que empezar a escarbar el revoltijo, dejando que Dios refine nuestros corazones y hogares en ese proceso. Sí, el estado caótico de nuestros hogares y chequeras refleja la condición de nuestros matrimonios y el dinero. Pero las buenas nuevas continúan: ya no tenemos que vivir así.

## Lo que aprendí de Barbie festiva: Brian

Antes de convertirnos en padres, sin desacuerdo, decidimos en contra de un juguete clásico. Prometimos a nuestras hijas nunca poseer una muñeca Barbie. Lamentablemente, nuestro raciocinio no amerita una nota a pie de página en esta historia. ¡Ay! esta historia se trata de cómo en verdad nuestras hijas nunca fueron dueñas de una Barbie, aunque otra persona en nuestra casa desobedeció la prohibición. Nada frustra más a los niños que la hipocresía de los padres. Supongo que hay un nivel especial de exasperación para una niñita que no puede tener una Barbie y descubre que su papá siempre tuvo una. Así es, rompí la regla. Fui yo. Lo sé, usted estará pensando: «¿Compadre?». Déjeme explicar (porque no se puede justificar).

A principios de mi carrera universitaria trabajé en una importante tienda de juguetes. Rodeado de juguetes y coleccionables, la tienda tenía sus clientes de costumbre que rebuscaban carritos, tarjetas de béisbol y envíos de figurines cuando llegaban, tratando de encontrar productos raros. Pero el evento más anunciado del año giraba en torno a la puesta en venta de la Barbie festiva. Empleados de mucho tiempo compartían historias de largas colas y clientes tensos desesperados por su majestuosa revelación anual. La gente está loca. Y, resulta que, yo soy gente.

Un año durante la producción de la muñeca, la fábrica se quemó totalmente, limitando severamente la producción. Como capitalista, no me llevó mucho tiempo descifrar los principios básicos de la oferta y la demanda. Si los coleccionistas peleaban por un abastecimiento normal de Barbies festivas cada año, con toda seguridad iban a treparse por las paredes por la oportunidad de conseguir una cuando el abastecimiento se rebajara a la mitad. Con acceso directo al canal de distribución y algunos tratos en privado, conseguí una de estas rarezas en toda su gloria festiva. Directamente del proveedor, Barbie permaneció en perfecto estado, protegida por la caja de envío de cartón marrón. Yo me mantuve listo para ganar una fortuna.

Al parecer, yo no soy un gran capitalista. Si bien poseía un producto de alta demanda y bajo abastecimiento, yo no tenía manera de encontrar el mercado. Sitios de reventa como eBay, Craigslist y los medios sociales no existían. Así que Barbie se quedó en su caja, empaquetada cuando nos casamos, se mudó con nosotros tres veces y ocupó el estante de un armario oscuro. El orgullo me impidió cortar mis pérdidas. Más o menos veinte años después, un amigo vendió a Barbie por mí en eBay a un sujeto de Australia. Gané casi seis dólares, un terrible rendimiento de la inversión.

Todos nosotros hemos subvalorizado o sobrevalorizado algo. Para mí, un hombre adulto, fue una muñeca llena de adornos diseñada para niños. El costo amortizado y lo que los expertos llaman efecto de donación me convencieron erróneamente que la Barbie valía más de lo debido, simplemente porque yo era el dueño. Nosotros desarrollamos un cariño extraño e inexplicable por objetos inanimados por una cantidad de motivos. Para moverse hacia una vida más organizada, debemos valorizar correctamente los gastos, las cosas, el tiempo, el espacio y la gente.

Nada testifica de lo que usted verdaderamente valoriza más que sus hábitos de gastos. *De la abundancia del corazón, habla la billetera.* Un examen crítico de tres meses de gastos demuestra sus valores. Tal vez le encante la comida tailandesa más que dar caritativamente o el salón del cuidado de las uñas más que salir a cenar con su cónyuge. ¿Se alinea sus gastos con los valores que comparte con su cónyuge que escogieron en el capítulo 5? Los dólares revelan nuestros corazones.

Como parte de mi trabajo como abogado familiar, yo veo a hombres y mujeres que atraviesan por un divorcio enfrentar la temerosa tarea de asignar un valor a sus propiedades personales. He visto a gente pelear por tostadoras y toallas. Una vez en quince años, una pareja inicialmente valorizó el mobiliario de su hogar correctamente. Una vez. Nosotros sobrevalorizamos nuestras cosas porque nos enfocamos en lo que pagamos y el posible costo de reemplazo en vez del valor de una venta de objetos usados. La realidad desagradable es que sus cosas van a ir a parar a un botadero algún día, así que su casa está llena de futura basura. ¡Ay! Cuando vemos las posesiones a través de lentes que se basan en la valorización, empezamos a acumular menos. Al acumular menos cosas libramos recursos para los sueños que compartimos.

El tiempo es la forma en que ganamos dinero. Ya sea la paga por hora o el interés en una cuenta de inversiones, el dinero se multiplica con el tiempo. Si usted no entiende el valor del dinero, no entenderá el valor de ninguna otra cosa, incluyendo a su cónyuge. ¿Cuánto tiempo tiene que trabajar usted y/o su cónyuge para comprar algo?

Según el Departamento de Censos de EE. UU., el ingreso medio de un hogar en 2015 fue 56.516 dólares.[14] Mis matemáticas a grosso modo indican que esa cifra equivale a unos veintisiete dólares la hora. Para cualquier compra o gasto, la familia de ingreso medio dividiría el costo entre veintisiete dólares para determinar cuántas horas uno o ambos tendrían que trabajar para esa compra. En vez de trabajar para cosas, trabaje el uno para el otro.

Cuanto más gastos tenga, menos valor le da a su tiempo. En esencia, usted está comunicando conceptos como prefiero tener un carro nuevo con un pago de 500 dólares mensuales que ver más a mi esposa. Tiempo es dinero. Cuando escogemos productos más caros, escogemos trabajar más horas en toda nuestra vida. Quinientos dólares mensuales podrían impedir vacaciones de aniversario o jubilación temprana, posiblemente años de pasar el tiempo juntos como pareja. Ese dinero invertido en forma apropiada conduce a más tiempo compartido. Reducir gastos y eliminar cosas le compra tiempo. Valorice su tiempo y protéjalo. Ya que el tiempo es tan valioso, no lo desperdicie o lo derroche. Sea deliberado con su tiempo en lo que respecta a las necesidades, valores y sueños compartidos.

El espacio también tiene valor. Miles de millones de dólares se gastan cada año en depósitos de almacenamiento porque la gente ha llenado su espacio con cosas que no necesitan. Si su casa tiene un valor, el espacio de adentro tiene un valor también. Espero que usted no vaya a pagar a otra persona por guardar la ropa que no ha usado en seis años. Pero usted, en efecto, está pagando por ello. Mire alrededor de su casa y pregúntese si sus posesiones actuales están haciendo el mejor uso de su espacio. El espacio abierto en su casa significa que administra menos y disminuye la probabilidad de un desorden que le absorba el dinero.

Por encima de todo lo demás, valorice a la gente. Su cónyuge tiene más valor que las cosas, el tiempo y el espacio juntos. La Biblia nos instruye cómo debemos medir el valor de nuestras vidas: «Sin embargo, considero que mi vida carece de valor para mí mismo, con tal de que termine mi carrera y lleve a cabo el servicio que me ha encomendado el Señor Jesús, que es el de dar testimonio del evangelio de la gracia de Dios» (Hechos 20.24).

*Nosotros a menudo pensamos en compartir las buenas nuevas de la gracia de Dios con masas no identificadas, olvidándonos de testificar a la persona que está justo delante de nosotros.* Su manera de gastar, sus cosas, su tiempo y su espacio deben reflejar la gracia de Dios a su esposo o esposa. Si todo en su casa está desordenado y roto, su casa puede estar reflejando su matrimonio y sus almas. Levántense el uno al otro enfocándose en el verdadero valor y no distraerse con intereses que no valen nada.

## Seamos prácticos: Cherie

Soy una persona madrugadora. Si bien me gusta dormir igual que cualquier otra chica, salir de la cama realmente no es un problema para mí. Acogiendo el gozo y la novedad de un nuevo día, me encanta preparar el desayuno y empezar otra vez. Todo parece estar lleno de potencial. Pero es muy probable que fuera menos inocentona si no tuviera mi taza favorita de Mujer Maravilla llena del néctar tibio y delicioso que auspicia mi optimismo madrugador —el café.

Mi obsesión por el café comenzó en la universidad cuando descubrí lo increíble que sabía esta milagrosa bebida y que me hacía sentir. Las tiendas locales de café abastecían de combustible largas noches de estudio antes que Starbucks entrara a poseer todas las universidades. Mi bebida favorita era un café expreso llamado Combustible de Cohete, lo cual podría explicar mis coqueteos con la presión alta ahora, pero me salgo del tema. Las mañanas y el café van juntos como las alverjas y las zanahorias, como la sal y la pimienta.

Por este motivo, antes de irme a la cama en la noche, preparo de manera ritualista nuestra cafetera roja. Posos de café y el filtro fijo, el agua llena, y el reloj automático programado quince minutos antes que suene mi alarma, el mecanismo para servir mi taza diaria del jugo feliz depende de la preparación. Hacer las cosas por adelantado, para su dinero y su matrimonio, se parece mucho a preparar una cafetera la noche anterior. Usted se compromete a pensar anticipadamente y hacer el trabajo preliminar. Pero el resultado está lleno de belleza, brindando la energía y vitalidad que necesita para superar otro día.

*La organización requiere acción anticipada.* Es bastante probable que usted no haya creado su desorden físico y económico de la noche a la mañana, así que tampoco podrá mover su nariz o sacudir una varita mágica para remover el revoltijo instantáneamente. El esfuerzo necesita planificación diaria de movimiento conducido a través del tiempo. Así como preparar la cafetera cada noche, usted tendrá que hacer cosas en forma rutinaria. Tendrá que anticipar temporadas ocupadas y posibles escollos. Y necesitará actuar para que no le falte una gota a su taza cada mañana.

Uno de mis versículos totalmente favoritos de la Biblia es Proverbios 22.3. La *NVI* actualiza en forma hermosa su vieja sabiduría en términos modernos. «El prudente ve el peligro y lo evita; el inexperto sigue adelante y sufre las consecuencias». Para evitar más desorden en el futuro y permanecer organizado, usted debe ver el peligro que viene. Si usted no se mantiene alerta de las crisis, le darán una paliza.

No obstante, hablar es fácil en esta locura organizativa. Aquí tenemos algunas estrategias concretas para ayudarle a controlar el desorden en su casa para que nada se interponga entre usted y su cónyuge excepto las sábanas de su cama.

**Haga una purga con tres cajas.** En las áreas problemáticas, ponga tres cajas en fila. Designe una de ellas como Caja de Donaciones y ponga adentro artículos que planea donar a una entidad caritativa o gente que usted sabe que podría usar cosas extras. La segunda caja es su Caja de Retención. Dentro de ella, deposite cualquier cosa que sabe que quiere mantener, pero necesita hallarle un lugar permanente. Por último, bote todo lo demás en la Caja (o tal vez bolsa) de Basura.

**Todo tiene su lugar.** Durante su niñez, el papá de Brian le enseñó varias lecciones valiosas. Sus llaves van en el bolsillo izquierdo de adelante. Su cambio vive en el bolsillo derecho de adelante. Su billetera necesita estar ubicado en su bolsillo derecho de atrás, y a su peine se le pone en el bolsillo izquierdo de atrás. Y si usted pone todas esas cosas donde pertenecen una tras otra al azar, parece que estuviera bailando media Macarena. La estrategia organizativa subyacente se vuelve invalorable cuando se aplica por toda su casa. Las cosas de valor necesitan un hogar. Si usted está constantemente perdiendo sus llaves, necesita un espacio fijo donde usted las ponga cada vez que regresa a casa. Esta estrategia sencilla añadió minutos a mi día y horas a mi vida.

**¿Se puede reemplazar en veinte minutos o por menos de veinte dólares?** Me encantan los consejos sobre el minimalismo. Uno de los conceptos clave que aprendí de Los Minimalistas, Joshua Fields Millburn y Ryan Nicodemus, al principio es lo que ellos llaman el Principio 20/20.[15] Si nos mantenemos al margen con respecto a guardar o botar algo, nosotros nos preguntamos si el artículo puede ser reemplazado en veinte minutos o por menos de veinte dólares. Si la respuesta es sí, nosotros procedemos a pasar el artículo. Una prueba sencilla como esta puede ayudarle a reducir que los artículos extras desordenen sus gabinetes y atoren sus armarios.

**Hablen juntos acerca del dinero diariamente.** Brian ya ha compartido estrategias específicas para preparar presupuestos anteriormente en este capítulo, pero asegúrese que parte de su ritmo diario incluya conversaciones acerca del dinero. Piense detenidamente sobre los gastos futuros, hable de cargos o depósitos que se hayan hecho, y vea «problemas que se vienen» en forma de viajes de campo, cumpleaños, feriados, cargos deportivos y más.

**Establezca una cantidad límite para las compras que no están en el presupuesto.** Para evitar el desorden financiero, usted necesita comunicar y luego comunicar excesivamente acerca de lo que está comprando. Esta práctica sencilla evita los sobregiros y comprar más de lo necesario. Mientras estuvimos pagando 127.000 dólares en deudas, Brian y yo decidimos que para cualquier compra de más de diez dólares que no estuviera en el presupuesto, hablaríamos de ello primero. Yo sé que esto podría parecer drástico, pero es lo que funcionó con nosotros. Lo que es importante es que ustedes dos escojan una cantidad de dinero con la que estén de acuerdo. Es raro que uno de nosotros (de hecho, no puedo recordar una sola ocasión) haya dicho no cuando hemos comunicado sobre una compra inesperada. No se trata acerca de controlar los gastos mutuamente, sino de mantenerse en contacto económico constantemente.

**Comuníquese tres veces más de lo acostumbrado cuando se trata de compras grandes.** Una vez más, para alejarse totalmente del caos financiero, asegúrese que usted y su cónyuge hagan mucho más de lo acostumbrado cuando se refiere a hablar de hacer una compra grande. Nota: la comunicación no es hablar pestes, fastidiar, vender, convencer, o tratar de salirse con la suya. Ganar es comprender las preocupaciones y necesidades del otro y llegar a una conclusión en común.

**Compre menos, tenga más sexo.** Este es nuestro beneficio favorito del minimalismo. Si usted no tiene muchas cosas (para guardar, limpiar, mover, reparar, etc.), no estará abrumado por el proceso organizativo. Cuando es dueño de menos, deja libre espacio físico en su casa y no está batallando constantemente con el desorden. Pasará menos tiempo buscando cosas y menos tiempo limpiando. Tal vez incluso discuta menos. Libre de cargas, usted podrá enfocarse en lo que realmente es importante —la gente, no las cosas. Haga sus compras en base a lo que necesita y no lo que quiere. Quizás encuentre más espacio para respirar y más tiempo para el sexo.

## Júntense

El espacio más sagrado de su matrimonio podría ser el enredado terreno intermedio. Es muy poco probable que los esposos y las esposas lleguen a ser copias exactas el uno del otro, estando de acuerdo con cada estrategia para la organización de la casa. Un cónyuge probablemente jamás ganará el premio «Ordenado perfecto», mientras que el otro acumulará un premio tras otro. Pero el movimiento de trabajar juntos para manejar el espacio en que viven y sus finanzas mejora la intimidad.

La colaboración entrelaza sus almas cuando atacan el problema unidos. Conforme nos acercamos el uno hacia el otro, las barreras de nuestros enredos físicos y económicos empiezan a desaparecer. Somos atraídos hacia una intimidad más dulce cuando se disipa el caos. El manejo y mantenimiento de un hogar juntos desafía aun a las parejas más estables. Pero entender el valor de nuestras cosas (o la falta del mismo) nos ayuda a asignar mejor la prioridad a la persona con quien hemos prometido pasar la vida hasta que la muerte nos separe. Después de todo, su esposo o esposa vale más que el caos y el revoltijo, y aún más que el orden perfecto también.

Un nuevo día amanece cuando todos estamos de acuerdo con que podemos hacer un mejor trabajo en quitar el desorden físico y económico. Cuando las parejas trabajan juntas para traer orden a sus hogares y sus cuentas bancarias, esto despeja y libera su energía para realzar la intimidad.

## Preguntas de discusión

1. Describa la primera casa que compartieron como pareja casada. ¿Cuáles fueron las lecciones más grandes que aprendieron en los primeros nueve meses de su matrimonio?

2. ¿Por qué podría ser importante poner en orden su dinero *antes* de poner en orden su hogar?

3. ¿En qué forma su revoltijo físico le impide manejar bien su dinero? ¿Cómo puede contribuir su revoltijo económico al revoltijo físico? ¿Cómo uno de ellos (o ambos) afecta el romance en su matrimonio?

4. «Si usted no entiende el valor del dinero, no entenderá el valor de ninguna otra cosa, incluyendo a su cónyuge». ¿Cómo entender el verdadero valor del dinero y nuestras posesiones nos hacen dar una mayor prioridad a nuestros esposos y esposas?

5. ¿Qué estrategia organizativa práctica para el dinero o las cosas resonó más con usted? ¿Qué otras añadiría?

---

## Fomentando la estimulación seductora de las finanzas

- Use los formularios de presupuestos de la guía en línea de *Su dinero, su matrimonio* para empezar a trabajar en quitar el desorden a su dinero, juntos. Besuquéense durante cinco minutos después de completar cada hoja de trabajo.

- Busque tres cajas y escoja un área de su casa —un armario, un gabinete, un escritorio, o un grupo de cajones— para empezar el proceso de purgar. P.D. A usted solo se le permite poner sus propias cosas en la Caja de Basura, no las de su cónyuge. Después que ha terminado la tarea, celebre saliendo a pasear juntos, compartiendo un tazón de helados, o bailando lentamente en su espacio recién organizado.

CAPÍTULO 8

# ¿Qué le hace falta?

## De el temor a perderse de algo al amor de estar presente

*La comparación es el ladrón del gozo.*

THEODORE ROOSEVELT

En abril de 2013, *FOMO* (o el temor a perderse de algo, por sus siglas en inglés) aterrizó con un golpe seco en una página del *Oxford English Dictionary*. Una definición reciente expandida describe el término como «el sentimiento incómodo y a veces devorador de que se está perdiendo de algo —que sus compañeros están haciendo, que están enterados o tienen posesión de más o algo mejor que usted».[1]

La experiencia misma parece antigua. Seguramente la primera pareja cavernícola al regresar de su prehistórica reunión de promoción notó que sus viejos amigos tenían mazos más grandes y dominio del fuego, mientras aún luchaban con la mejor manera de cincelar en sus intentos débiles de hacer una rueda. O los primeros romanos envidiaban las casas unifamiliares que se jactaban de tener baños espaciosos pertenecientes a sus vecinos cercanos, temiendo perderse de una experiencia más lujosa. Un buey más grande, una cabaña más grande, más dinero, mayor influencia, más poder —el deseo de tener lo que otra persona tiene o experimentar lo que ellos están experimentando latiendo en nuestras venas antes que se iniciara por primera vez una transmisión de los medios sociales por la Internet.

FOMO halla su poder en los celos —una lucha que llevó a Caín a matar a su hermano Abel. Y esos deseos de «Yo estaría mucho mejor si tuviese _____» se remontan a la primera pareja, Adán y Eva. Si bien la tecnología moderna tal vez haya amplificado la ansiedad o brindado más oportunidades para estar expuesto, la lucha existió al principio.

Nuestros padres todavía sienten las punzadas de perderse de algo cuando recibían una carta navideña o se reunían con amigos de hace mucho tiempo o veían una comedia de los 80 donde la familia pulcra representada nunca parecía realmente trabajar, pero aún vivía en una casa maravillosa. Nuestros abuelos y bisabuelos, muchos que vivieron durante los años austeros de la Gran Depresión, no gozaron de contentamiento simplemente porque crecieron con poco. El alma humana siempre parece hallarse en un lugar de carencia, anhelando más, con temor de perderse de algo.

Pero de ahora en adelante, y por todas las generaciones venideras, nos enfrentamos al conocimiento en tiempo real de todo lo que carecemos, desde las vacaciones que no podemos tomar, a la comida lujosa que no comeremos, a la fiesta que no seremos invitados. Dolorosamente, hacemos avanzar o retroceder el texto que aparece en pantalla hasta la saciedad y probablemente incluso nos detenemos un momento para poner que nos «gusta» un artículo por la Internet, aunque, si fuéramos totalmente sinceros, nuestros sentimientos fueron mucho menos que positivos. Aún estamos esperando que Facebook estrene el emoticono «Ojalá tuviera lo que tú tienes». Apostamos que eso no sucederá pronto.

¿Qué pasa cuando el temor de perderse de algo se cruza con nuestros matrimonios? Estoy seguro de que usted ha visto la escena desarrollándose en las relaciones de amigos y familiares. En el mejor de los casos, las parejas terminan sumergidas en deudas, tratando de pagar por posesiones y experiencias inasequibles. En el peor de los casos, terminan durmiendo con otra persona, tratando de satisfacer el síndrome «nadie está contento con su suerte».

¿Cómo puede alguien batallar con el FOMO? ¿Simplemente acabar con las noticias terminará con la locura? ¿O está la vieja lucha incrustada en nuestras almas, sin esperanza de obtener alivio? Cultivar un matrimonio y la perspectiva económica que pasa del temor a perderse de algo al amor de estar presente requiere abandono.

Cuando usted abandona el anhelo de vivir la vida de otra persona, hallará contentamiento con la suya. Cuando abandona el anhelo de tener el matrimonio de otra persona, reconocerá que lo que tiene es mucho mejor —el matrimonio que Dios diseñó específicamente para usted.

## El secreto de la dieta de un día: Brian

La siguiente historia contiene dos productos importantes de mercadeo: (1) la parrilla de George Foreman y (2) la Dieta de Atkins.

Cuando llegó nuestra primera noche de Fin de Año como pareja casada, Cherie y yo, los geniales pero jóvenes recién casados, hicimos una resolución de Año Nuevo. También fue la última. Solo unas cuantas semanas antes del primero de enero, vimos una librería de descuentos. Por motivos que se me escapan hasta la fecha, compré un libro acerca de eliminar todo el azúcar de su dieta. La nación estaba en la cúspide de la locura por lo bajo en carbohidratos o sin carbohidratos que pronto iba a irritar a todos los bufés de pizzas. El libro explicaba cómo los carbohidratos se convertían en azúcar y cómo el azúcar afectaba negativamente el cuerpo. El tema central era remover todos los carbohidratos, excepto de vez en cuando las fresas. Confundiendo mi título en ciencias políticas con un título en verdaderas ciencias, sonó como que ni había que pensarlo. Le propuse a Cherie que lo intentáramos. Estoy seguro de que las consecuencias la hicieron lamentar haber aceptado cualquier otra propuesta que le hubiera hecho.

Antes de embarcarnos en este viaje de inevitable salud, felicidad y prosperidad, decidimos entrar con todo. En el apartamento debajo del nuestro vivían dos mujeres jóvenes, a quienes llamábamos las «chicas» de abajo. Les recuerdo, nosotros teníamos veintitrés años. Temprano esa mañana, llenamos una caja con toda clase de almidón que había en nuestro pequeño apartamento y bajamos las escaleras a donde las «chicas». Las «chicas» se quedaron mudas y confundidas mientras entregábamos libras de harina, azúcar, salvado, pan y una cantidad de otros productos. Explicamos lo mejor que pudimos que no solo nosotros éramos sanos, sino también generosos y humildes.

Privarnos del azúcar o los carbohidratos no fue terrible los primeros once minutos aproximadamente. Además, habíamos recibido una nueva parrilla George Foreman por Navidad que iba a resolver todos nuestros problemas. Pero hacia el final del día, estábamos enfermos hasta el punto que no puedo ni siquiera describirlo en este libro. Fue terrible. Contemplamos ir a la sala de emergencia para evitar deshidratarnos. Ahora, usted puede estar pensando, *Nunca he escuchado que un día sin carbohidratos haga que alguien se enferme, y ni que se diga violentamente.* No estamos seguros de qué sucedió. ¿Estaba el 95 % de nuestra dieta anterior compuesta de azúcar refinada? Sí. ¿No sabíamos cocinar el pollo en la parrilla George Foreman? Probablemente. ¿Comí una cubeta de helados con crema batida baja en carbohidratos y un arándano de un tirón? Sí. Sí, lo hice.

En última instancia, purgamos el azúcar porque temíamos perdernos de una nueva dieta de moda y las nuevas figuras atractivas que con seguridad iba a proveer. Después de todo, el libro que todos nuestros «contemporáneos», la gente sana que conquistó los carbohidratos y bajó unos kilos, llevaban exitosas vidas de cuentos de hadas. Preocupado de que mi vida sería desastrosa si me perdía de ello, yo alteré todo lo relacionado con la manera en que comía.

Nuestro FOMO nos llevó al dolor de verdad. La agonía de FOMO resonó durante los siguientes años. FOMO a menudo conduce a la sobrecorrección. Usted ve algo que otra persona tiene o está convencido que hay algo que debería estar haciendo, y se pasa de la raya. Cuando usted sobrecorrige, está enviando una invitación firmada para que lo dramático, el fracaso y la miseria visiten su vida.

En nuestro caso, por favor recuerde que al siguiente día no tuvimos comida. La habíamos regalado. Quemamos los barcos para no poder regresar. Nuestros egos enfermizos seguidamente compraron nuevos barcos —para ser más específicos, todos los dulces que pudimos encontrar. Puedo decir con seguridad que todos esos comestibles extras no estaban en el presupuesto, porque no teníamos un presupuesto. El balance en nuestra tarjeta de crédito aumentó y agravó nuestra existencia ya indigente.

La réplica del día sin carbohidratos aún resuena en nuestras vidas. Cada vez que comenzamos algo nuevo o intentamos hacer un gran cambio, ambos pensamos, *¿Estamos privándonos del azúcar otra vez?* Estoy convencido que ese día evitó que empezáramos nuestra travesía libres de deudas con la prontitud que debíamos. Tal vez aún esté evitando que restemos o agreguemos algo a nuestras vidas. Si hubiéramos prestado atención a la verdad de 1 Timoteo 4.7, quizás hubiéramos evitado la peligrosa situación difícil y sus secuelas perdurables. «Rechaza las leyendas profanas y otros mitos semejantes. Más bien, ejercítate en la piedad».

FOMO obstruye la toma de decisiones suyas y le convence que se lance de cabeza hacia asuntos mal aconsejados. Esto aumenta el riesgo del fracaso, la ruina económica y/o la hospitalización. La experiencia es una maestra brutal pero sincera. Las dietas de moda y las maquinaciones para «enriquecerse rápido» son mitos tontos y ateos que prometen resultados rápidos para problemas que requieren soluciones a largo plazo. Estos mitos se derivan de la forma en que FOMO se aprovecha de nuestro temor, pereza e impaciencia. Para nosotros, el temor en vez del estado físico alimentaba nuestros esfuerzos, y fracasamos. Nosotros por cierto aprendimos varias lecciones duras, pero afortunadamente fue al principio de nuestro matrimonio. De hecho, todavía estamos aprendiendo hasta el día de hoy. Para combatir FOMO, una de las preguntas que usamos para filtrar el matrimonio, el dinero y las decisiones de padres es: «¿Cuál es el objetivo final?». Esta pregunta ayuda a reorientar nuestras prioridades y distinguir entre una decisión que tiene consecuencias a largo plazo y otro «día sin carbohidratos». *Si usted quiere que su futuro sea mejor que su pasado, cambie su presente.* Sin embargo, la sobrecorrección arruinará su futuro en vez de cambiarlo para bien. Haga cambios incrementales, que nazcan del amor, no del temor. Además, considere comprar un termómetro para la carne.

## Robo de identidad: Cherie

*Espejito, espejito en la pared... ¿quién es la mujer más bella de todas?*

Son palabras clásicas de un cuento de hadas de niños que deberían causar más temor en nuestros corazones. Quizás porque vienen de personajes ficticios o tal vez porque tienen una cadencia pegajosa, restamos importancia a lo sorprendente que son las palabras de la perversa madrastra de Blancanieves.

Ella está desesperada por la vida de otra persona. Después de todo, esta mujer se fue al extremo de contratar a un asesino y al final envenenar a su propia hijastra, todo esto para poder robar una identidad: la más bella de la tierra. La perversa reina tenía uno de los casos más locos de FOMO que jamás haya visto. Su temor devorador de que una mujer posea mayor belleza la empujó hacia el homicidio. Es bastante descabellado y ligeramente aterrador que leamos tales historias a nuestros hijos justo antes que se queden dormidos en la noche, ¿verdad?

Duerme bien, niño. Duerme bien.

Supongo que si se nos permitiera tener una audiencia con la reina, ella tendría todos los motivos «correctos» para sus decisiones y negar que estaba en pos del mundo de otra persona, o que temía perderse de algo. Después de todo, ella quería lo que le correspondía legítimamente para empezar, ¿sabe usted? El temor de perderse de algo se nos cuela de esa manera. Ni siquiera nos damos cuenta de lo que estamos haciendo hasta que ha ido demasiado lejos. Y quizás también hemos hecho lo inconcebible en nombre de adquirir lo que no es nuestro.

Hemos comprado la decoración del hogar que sabíamos que no podíamos pagar para crear un espacio directamente del programa HGTV.

Nos hemos puesto de cabeza por un nuevo juego de aros para autos directamente de las páginas de una revista.

Hemos comprado el vestido excesivamente caro de un diseñador para nuestra hija por la Internet o en la tienda en un momento de debilidad —el que con toda seguridad ya no le va a quedar en cuestión de meses.

La propaganda por la Internet nos hace señas: me necesitas, me quieres, debes comprarme. Así que hacemos clic y pedimos.

Quizás lo que más perturba de todo, algunos se imaginan una «mejor» vida en el matrimonio de otra persona. Él es tan sensible y bondadoso. Ella es tan atractiva y nunca se queja. Y así metemos los dedos de los pies en las aguas de la tentación, y coqueteamos. O tal vez ni siquiera somos tan atrevidos. Quizás nos quedamos dormidos despiertos soñando en otro mundo, otra vida, donde nunca hay platos sucios en el lavatorio o ropa sucia (física y metafórica) escondida detrás de puertas cerradas, donde esa otra persona satisface cada una de nuestras necesidades mientras que también luce un lindo abdomen.

En su obra *Más fuerte que nunca*, la autora Brené Brown analiza la lucha con nuestros silenciosos anhelos de robar la identidad y predice su resultado final: «El "temor de perderse de algo" es lo que sucede cuando la escasez colisiona con la vergüenza. FOMO nos atrae para que perdamos nuestra integridad con susurros acerca de lo que podríamos o deberíamos estar haciendo. El arma favorita de FOMO es la comparación. Mata a la gratitud y la reemplaza con "no es suficiente"».[2]

Temer que usted se perderá de algo resulta en nunca tener lo suficiente. Usted nunca será lo suficiente. Nunca tendrá lo suficiente. Nunca será amado lo suficiente. Es una conclusión lúgubre para los intereses de nuestra vida, una que en algunos casos conduce a la bancarrota, aventuras amorosas y el divorcio. Y así como la reina perversa, hemos ido demasiado lejos antes de darnos cuenta de que estamos allí.

FOMO tiene sus raíces en los celos y la envidia —luchas antiguas del alma humana. No obstante, no es sensato saltarnos las maneras modernas en que el temor de perderse de algo se mete en nuestras interacciones diarias a través de los medios sociales. Nuestras aplicaciones y plataformas por la Internet pueden ser una apestosa y caliente cloaca de tentaciones, donde empezamos a soñar con tener lo que los demás tienen. Aunque necesitamos pelear contra la tentación de sobrecorregir. La Internet en sí no tiene la culpa.

Los medios sociales (sin diferenciarse del dinero) son una herramienta. Usted puede usar un martillo para construir una casa o puede elegir aventar un martillo a una ventana de vidrio y causar gran destrucción. La decisión es suya. Saber cómo usar apropiadamente una herramienta, como un martillo o el dinero, requiere conocimiento intelectual y práctica. Tenga muy presente en su mente el diseño original de la herramienta y su mejor uso. Sin pensarlo, nunca agarre una herramienta como un martillo o el dinero —o para fines de nuestra discusión, los medios sociales. Usar una herramienta sin pensarlo trae como resultado la destrucción y el daño. Aparte la mirada mientras sacude un martillo y lo único que va a clavar es su pulgar. Haga clic en la Internet sin pensarlo, y lo único que quizás clavará será la esposa de otro.

¿Podemos ir al grano y hablar de dos plataformas con las que tengo problemas? La primera, porque soy una mujer de cuarenta años (la edad media de sus usuarios), es Pinterest. Se jacta de tener 150 millones de usuarios activos al mes, que guardan ideas de recetas, finanzas personales, reparaciones para realizar por su cuenta, ejercicios y más. Así que me imagino que usted quizás se divierte un poquito con Pinterest también. Lo diré rotundamente desde el principio —me encanta Pinterest. Generalmente me dirijo hacia Pinterest para buscar cómo hacer algo antes de usar un motor de búsqueda. Lo práctico y la naturaleza visual de esta plataforma me atraen.

Si soy sincera, sé que he caído en la trampa de que Pinterest se haya vuelto en mi versión de leer noveluchas románticas. Para ser clara, no estoy poniendo imágenes de hombres macizos bien formados parados al borde de un abismo. Hay otra ficción por delante.

Pinterest, así como las noveluchas románticas o incluso las comedias románticas, puede retorcer nuestro sentido de la realidad. Sin darnos cuenta, empezamos a establecer expectativas poco realistas de proporciones épicas para nuestros esposos, hijos, hogares y hasta nuestros propios cuerpos después de solo unos cuantos minutos de recorrer la pantalla a través de imágenes hermosamente arregladas. Pensamos que todos viven dentro de un mundo perfecto, uno donde siempre hay sol, nadie se enferma, las casas permanecen impecables y cada persona puede sostener una tabla por quince minutos.

No es real. Si no tenemos cuidado, Pinterest despierta anhelos que son fuerzas destructivas en nuestras vidas. Sabemos que Pinterest en sí no es malo. Puede usarse para el bien, digamos si usted está buscando una manera de ahorrar dinero en la tienda de comestibles o alimentar a su familia con unos cuantos dólares, o incluso obtener ideas para decorar la casa por su cuenta. Lo que está en su corazón marca la diferencia. ¿Está usted recorriendo la pantalla debido a FOMO, debido a la envidia? ¿O simplemente está buscando unas clases para hacer marcos para cuadros y poder salir de la Internet después sin que cambie la orientación de su autoestima? Al final, las formas en que participamos en los medios sociales dicen más de las condiciones de nuestros corazones que las plataformas mismas.

El área número dos de los medios sociales donde parece que pierdo los estribos por FOMO, tiendo a culpar injustamente a Mark Zuckerberg. Después de todo, aunque él haya inventado Facebook, él no fuerza mis manos para recorrer estatus tras estatus cada día. Es fácil para mí caer en una interminable búsqueda de fotos de vacaciones, artículos, memes y videos con regularidad. Minutos y horas se pasan mientras me pongo al día con viejos y nuevos amigos, pero aún a veces me hallo deseando tener la vida de otra persona.

Conforme se desarrollan los datos de los hábitos en los medios sociales, no es sorpresa que la investigación haya descubierto una conexión crucial entre el uso de Facebook y la salud mental. Para algunos, el uso muy frecuente de Facebook resulta en celos e incluso la depresión.[3] Depende de nosotros monitorear nuestra propia conducta y poner barreras intencionalmente a nuestra manera para no caer en una trampa ineludible. No podemos culpar a los medios sociales por nuestros complejos de FOMO. Los tendríamos aún sin nuestros teléfonos inteligentes. Tirar a la basura la tecnología podría ayudarle a resolver parte del problema, pero hasta que no nos demos cuenta de que los problemas de nuestra identidad son mucho más profundos, no saldremos por el otro lado del espejo mágico gustando lo que vemos.

La reina perversa anhelaba la belleza de Blancanieves. Ella temía perderse de ser la más bella en la tierra, una insignia que usaba con honor. En mi propia vida, si no tengo cuidado, me hallo recorriendo la pantalla con una mentalidad de escasez. Temerosa de quedarme triste y sola en mi matrimonio o familia, escucho las horribles mentiras que susurra la vergüenza. Comienzo a pensar que comprarme un vestido más lindo o muebles nuevos pueden llenar los vacíos de mi alma que solo Jesús puede llenar. Cuanto más pronto reconozco que FOMO está sujetando mi corazón, más rápido puedo desactivarlo llamándolo por lo que es. Luego puedo conscientemente hacer un cambio para empezar a recibir contentamiento de lo que tengo y de ser aquella para lo cual fui creada.

## Entrénese: Brian

Yo nos vendí el primer carro que compramos después de estar libres de deudas. Sí, usted lo leyó bien. No estoy seguro de si esto me convierte en un gran vendedor o alguien que compraría algo a cualquier persona. Nuestra casa está en una vía principal, y amigos periódicamente nos llaman para vender sus carros en la entrada. Aparte de ser un anunciador profesional de lucha libre, no hay otro trabajo que más disfrute que vender carros devaluados, anteriormente queridos. En el transcurso de los años, no hay carro que no se haya vendido. Así que cuando mi amigo Brent me pidió que cediera un espacio valioso en la entrada, estuve contento de ayudar.

Un domingo en la tarde, un tipo con una motocicleta lujosa se estacionó en mi entrada para dar un vistazo al sencillo sedán gris de Brent. Aunque no estaba obligado a saludar a los clientes de mi parqueadero provisional, para mí es algo automático. El motociclista estaba mirando el carro para su hija adolescente. El monólogo procedió así: «Compadre motociclista, el carro tiene algunas peculiaridades, pero es de mi amigo Brent. Él está en el municipio de la ciudad, yo fui el padrino de su boda, y solía trabajar de mecánico. Hay pocas personas en quien más confío. Fue el carro del abuelito Harry antes que falleciera. El abuelito Harry apenas manejaba, por eso el kilometraje es bajo. Él fue parte de la generación más grande, sirvió en la Segunda Guerra Mundial, y detallaba cada kilómetro entre cada cambio de aceite en un registro en la consola. Es el carro de un abuelito lo cual sucede una vez en la vida, la ballena blanca de los compradores de carros. Mi esposa dice que mi camión no es seguro a ninguna velocidad, así que probablemente debo comprar este carro. No hay motivo para no comprarlo... sí, lo voy a comprar. Gusto de conocerte, compadre motociclista, pero el carro está vendido».

Todo lo que le dije al compadre motociclista fue cierto. Él se fue perplejo por nuestro intercambio, y yo terminé siendo el orgulloso dueño de un Chevrolet Malibú del año 2000, junto con el registro extenso del abuelito Harry. El Malibú en verdad tenía algunas peculiaridades, las cuales me las dijo Brent. Cumplió bien con su objetivo mientras estaba en la pista. Una de sus limitaciones, sin embargo, fue literalmente ponerlo en la pista. Resultó que el Malibú vino equipado con un defecto de fábrica en el sistema antirrobos. Con la imprevisible y aleatoria frecuencia de un niño temperamental, el Malibú no arrancó. Todos los diagnósticos sensatos y tradicionales y las curas percibidas no pudieron reparar esta dolencia. En breve, el Malibú pensó (en la medida que un carro pudiera pensar) que yo estaba tratando de robarlo y por consiguiente se apagó. La luz roja contrarrobos iluminó el tablero de controles y el Malibú impidió que el chofer tratara de hacerlo arrancar otra vez por diez minutos. Para ser claro, no fueron «alrededor» de diez minutos o «un ratito»; la computadora del Malibú se demoró en arrancar exactamente diez minutos.

Usted podría estar pensando que esa no es una peculiaridad, es una abominación. Quizás. Pero parte mía lo usó como una lección en planificar anticipadamente, ya que me forzó a salir diez minutos antes de lo necesario. Parte mía, de una manera retorcida como si fuera un apostador empedernido, le gustaba sentir la emoción aceleradora de no saber si mi carro iba a arrancar. Y parte mía perdió el amoroso uso de razón debido a la desconfiabilidad del Malibú. Dos beneficios secundarios inesperados fueron los ahorros en combustible y una vida de oración más constante. Ahorré dinero en combustible porque con toda seguridad no iba a tentar el destino o aumentar mis probabilidades de que funcione mal el sistema antirrobos haciendo mandados innecesariamente. Mi vida de oración mejoró porque le suplicaba a Dios que intercediera en el corazón del Malibú por lo menos dos veces al día: una de ida al trabajo y otra de regreso a casa. Era como el estrés que surge al jugar el popular juego de mesa Cara de Pastel —usted sabe que le va a caer, pero no sabe cuándo. Y en vez de una deliciosa crema batida y las risas que siguen, le cae el golpe de llegar tarde al trabajo y una lengua sangrienta por evitar que le salga una sarta de malas palabras.

En nuestra cultura, esperar diez minutos está entre ser un fastidio y una bronca. Aumente a veinte minutos, y la bronca se transmuta en furia misantrópica. Como puede ver, esperar los recomendados diez minutos no garantizaba que arrancara el Malibú en el segundo intento, o el tercero. Después de una aventura en el centro comercial con Zoe y Anna para comprar regalos por el Día de la Madre para Cherie, el Malibú no arrancó en menos de cuatro veces. Estábamos saliendo del centro comercial porque, como así sucede, estábamos agotados, consumidos, y necesitábamos estar en casa. La peculiaridad se convirtió en enemigo y se interpuso para que no estuviéramos donde debíamos estar. En lugar de estar en casa envolviendo regalos, estábamos en el estacionamiento del centro comercial, tostándonos con el implacable calor que estaba siendo amplificado por las ventanas de nuestro peculiar sedán.

Nosotros estamos fabricados como el Malibú. Mientras que el Malibú se apagaba cuando creía que alguien estaba tratando de robarlo, nosotros nos apagamos y no arrancamos cuando codiciamos algo que no es nuestro. FOMO enciende nuestro sistema interno antirrobos. FOMO ocurre cuando estamos tratando de robar el gozo de otra persona, y, como resultado, nos robamos el gozo que Dios quería para nuestras vidas. Cuando somos vencidos por FOMO, nos envolvemos en patrones de tratar de vivir una historia que no era para nosotros. Como resultado, nos quedamos fuera de nuestro llamado porque tratamos de ponernos detrás del timón de la vida de otra persona. En vez de una demora de diez minutos al estilo Malibú, podríamos retrasarnos diez años del viaje que se quería en nuestra vida.

Cherie y yo hemos conocido a gente que detallaba las características de su posible pareja perfecta (y un tipo incluso le puso nombre). El temor de perderse del ideal fabricado les impedía salir con alguien la mayor parte de sus vidas adultas. Cuando trabajaba en la tienda y estaba en la universidad, un cliente frecuente se rehusaba a conseguir trabajo por el temor a perderse del posible trabajo de sus sueños. Idealizar el cónyuge perfecto, el trabajo perfecto, o la casa perfecta congela la toma de decisiones. El temor a perderse de algo lo deja temeroso de tomar decisiones porque podría perder una mejor oportunidad.

Al final, revendimos el Malibú a un hombre que realmente necesitaba un carro y no le importaba la idea del defecto antirrobos. No era la primera vez que vendía el mismo carro dos veces, pero eso es otra historia. Cuando vendimos el Malibú, resolvimos nuestros problemas antirrobos. Conquistar FOMO no es tan fácil. Todo el día somos bombardeados por notificaciones, anuncios y distracciones. Los norteamericanos entre los veinticinco y treinta y cinco años de edad chequean sus teléfonos un promedio de cincuenta veces diarias.[4] Los adolescentes pasan un promedio de nueve horas diarias en las plataformas de los medios sociales.[5]

Estamos chequeando nuestros teléfonos porque tememos que nos vayamos a perder de algo. Cual sea la excusa noble que le adjuntemos, en realidad, simplemente queremos ver lo que todos los demás están haciendo. Estas distracciones se acumulan y desperdician lo que de otro modo serían años productivos de su vida tan solo mediante el constante chequear y mirar fijamente. Si usted hace los cálculos en base a los hechos de arriba, tres de cada ocho años se pasan totalmente en los medios sociales. Detenerse y cambiar de rumbo constantemente en base a los cambios del día no solo lo frustrarán y descarrilarán sus metas, sino que también lo llevarán a la bancarrota.

Cuando usted ve a sus amigos irse de vacaciones, usted va a querer irse de vacaciones, tenga el dinero o no. Cuando usted ve a un conocido de la primaria poner una foto de su carro nuevo en la Internet, usted piensa: *Yo siempre fui más inteligente que ese tipo. Él solía comer engrudo. Yo probablemente debería tener un carro nuevo también.* En forma lenta pero segura podemos caer en la trampa del descontento, insatisfechos con nuestras posesiones. O una posibilidad aun más espantosa —nos quedamos insatisfechos con nuestros cónyuges.

Vender el Malibú fue solo parte de resolver la ecuación para eliminar de mi vida el problema de antirrobos. El factor más importante era comprar un carro nuevo sin el defecto antirrobos. Me llevó varios meses para dejar de ponerme nervioso antes de prender el motor. Las viejas costumbres llevan tiempo en desaparecer. Con más frecuencia de lo que pensamos, dejar de hacer algo no necesariamente acaba con el verdadero problema. Aun si fuera así, simplemente reemplazamos un hábito con otro. Erradicamos el temor intercambiándolo por algo más poderoso, más eficaz, y más fiable.

### Dirigiéndose hacia el amor de hacerse presente

Deshacerse del FOMO requiere lo que el teólogo Thomas Chalmers llama «el poder expulsivo de un nuevo afecto».[6] Específicamente, el nuevo afecto al cual se refiere Chambers es Jesús. Solo Jesús expulsa los hábitos y el pecado que nos refrena para que no vivamos la vida abundante que se nos ha prometido. «En el amor no hay temor, sino que el amor perfecto echa fuera el temor» (1 Juan 4.18). El amor de Jesús obra en nuestras vidas al nivel del alma, donde ocurre el verdadero cambio.

En nuestro hogar, tenemos tres principios básicos: ama a Dios. Ama a la gente. Hazte presente. Resulta que estas tres ideologías también le ayudarán a evitar el FOMO. Dirijámonos del FOMO al amor de hacerse presente (LOSU, por sus siglas en inglés).

En vez de temer perderse de ir a un nuevo restaurante fabuloso, hagámonos presentes en las mesas de nuestros comedores y disfrutemos la comida que Dios nos ha dado. En lugar de temer de perderse de unas vacaciones turísticas, hagámonos presentes en los momentos cotidianos. En vez de temer de perderse del teléfono más reciente o el televisor más grande o la casa más lujosa, hagámonos presentes y amemos nuestras verdaderas vidas.

Es fácil amar a la gente de lejos. Hacerse presente en la vida de alguien en su hora más lúgubre o más desesperada es un reto. Yo a menudo fallo en hacer esto. Empiece con la persona más cercana a usted, su esposo o su esposa. Empiece a servir a su cónyuge en formas que ha ignorado por mucho tiempo.

FOMO no es que usted conscientemente piense que su vida se rebajará si no sabe si el tío de algún sujeto con quien una vez trabajó en un proyecto ganó su torneo de pesca o no. La atracción es, en parte, bioquímica. Cada vez que usted ingresa a los medios sociales o responde a una notificación, su cuerpo le da un toque de dopamina.[7] Dopamina es una hormona que suelta el cerebro y que recompensa positivamente. También lo suelta con el uso de la cocaína. No estoy seguro de que tenga que enfatizar la analogía mucho más, pero responder compulsivamente a las notificaciones en su teléfono inteligente crea adicción.[8]

Reemplace los efectos negativos del FOMO combatiendo el torrente de dopamina. Ser generoso suelta la hormona oxitocina, un químico del cerebro que hace sentir bien.[9] En vez de chequear su teléfono inteligente o recorrer los canales de los medios sociales, sirva a su cónyuge. Ofrenda y sirva a su iglesia. La oxitocina también emana durante un abrazo prolongado. Hablamos de los muchos beneficios de un gran abrazo en el capítulo 5. Triunfe sobre el FOMO abrazando a su cónyuge en lugar de chequear su teléfono inteligente. Para su información: la oxitocina también emana después de los orgasmos. Así queeee, si sus abrazos prolongados se vuelven horizontales, ¡mucho mejor!

Si continúa luchando con el FOMO, abajo está una lista de consejos prácticos para ayudarle a dirigirse del temor a perderse de algo hacia el amor de hacerse presente:

1. **Conozca lo que provoca sus deseos.** ¿Es la TV, la Internet, los medios sociales, gente específica, ciertas tiendas, correos electrónicos?

2. **Prepare una lista de «Qué evitar».** Las listas de quehaceres son útiles (y también le dan un toque de dopamina), pero Jim Collins, el renombrado autor de libros de liderazgo como *Good to Great* [De buena a grandiosa] y *Built to Last* [Empresas que sobresalen] recomienda la estrategia de hacer una lista de «Qué evitar». Haga una lista de cosas que no hará esta semana y apéguese a ella.

3. **Tal vez necesite un cierre de los medios sociales.** Un ayuno completo de los medios sociales puede resultar en una comilona correspondiente o quizás le muestre que usted puede vivir sin ellos. Como mínimo, vaya a la configuración de su teléfono y su computadora y apague las notificaciones para que no esté asediado por la tecnología. Tal vez quiera establecer algunas notificaciones para cierta gente, pero no necesita saber inmediatamente cuándo el vecino de la infancia sale de la heladería.

4. **Si pasa algún tiempo en absoluto en los medios sociales, necesita usar más el botón para ocultarse.** Pregúntese si está siguiendo a alguien en los medios sociales para mantener una relación o si atravesó su filtro.

5. **Pase tiempo con Dios y su cónyuge juntos.** Cuanto más se acerque usted y su cónyuge hacia Dios, menos problema será FOMO con su dinero y su matrimonio.

6. **Haga una lista de amor.** Mejor que una lista de quehaceres o de «Qué evitar», la lista de amor está compuesta de cosas que realmente le encanta hacer. Si usted está funcionando en base a esa lista, estará menos inclinado a caer en la trampa FOMO.

7. **Su dormitorio es sagrado; no lleve su teléfono inteligente allí.** Consígase un reloj despertador antiguo, y en cambio cargue su teléfono en el pasillo. Llevar su teléfono

inteligente a su dormitorio quita la atención adonde necesita estar y también inhibe el sueño.

## ¿Pero y mis bebés?: Cherie

En las primeras horas de vida de mi hija Anna, mi mamá puso directamente en mis faldas una realidad muy seria. Juntas mientras mirábamos a esta bolita de vida nueva retorciéndose en mis brazos, ella delicadamente me dijo: «Cuando estés en casa, vas a querer ir a trabajar. Y cuando trabajes, vas a querer estar en casa». Ligeramente aturdida, quizás por el dolor persistente y el posterior medicamento para la cesárea, le parpadeé. Mi corazón de madre nueva se desinfló un poquito, pero nunca envidié a mi mamá por compartir su sabiduría en ese momento. En el transcurso de los años, ya que me quedé en casa a tiempo completo, hice mis estudios de postgrado a tiempo completo, trabajé medio tiempo y tiempo completo, y trabajé desde casa, las palabras sonaban ser ciertas.

Quizás más que ninguna otra área, FOMO más se mete en lo recóndito de mi vida cuando se trata de la crianza de hijos. Me preocupo de lo que me estoy perdiendo. ¿Podría o debería avanzar en mi carrera? ¿Alcanzó mi hija un nuevo hito mientras estaba bajo el cuidado de otra persona? ¿Cómo puede saber verdaderamente si está haciendo todo lo que se supone?

Y luego el temor de perderme de algo se convierte inmediatamente en preocupaciones por mis hijas. ¿Están en los colegios apropiados? ¿Tienen los amigos correctos? ¿Deberían de tomar clases de danza? ¿Clases de piano? ¿Enseñarles griego, español y japonés? ¿Y sus intereses artísticos? ¿Los campamentos apropiados? ¿Las mejores fiestas de cumpleaños? Ni se diga de las vacaciones. Combine estas preocupaciones innatas con la presencia constante de los medios sociales y conocidos de la vida real realizando toda actividad y siguiendo todo lo que les apasiona bajo el sol, y yo me quedo totalmente confundida y llena de pánico.

Si no tengo cuidado, todo lo mencionado arriba puede conducir a lo que nos gusta llamar el salto FOMO. Es como un baile sin zapatos con las medias puestas al estilo de la década de 1950, solo sin las lindas faldas replegables y sin las medias cortas. Como padres, estamos tentados de saltar de una cosa a otra. Este año, el pequeño Timmy va a ser un becario Rhodes, así que amontonamos trabajo para el verano y reforzamos su currículo académico. El próximo año, estamos seguros de que él va a ser el próximo Ty Cobb, así que hay zonas de bateo, viajes del equipo y sesiones de entrenamiento privado que atender. ¡Pero espere! Descubrimos que él tiene un tino para la batería, y en un intento de desarrollar su cualidad a lo Dave Grohl, compramos un juego de batería, sacando más plata para las lecciones.

El salto FOMO, sin embargo, no se limita necesariamente a los hijos. Yo he sido su víctima y he visto a mis amigos hacer lo mismo. Empezamos blogs que terminan vacíos. Entrenamos para maratones y luego no volvemos a tocar nuestras zapatillas después de terminar. Vendemos aceites o maquillaje o pantalones o comida o carteras o joyería. Es como si estuviéramos tratando de agarrar algo o todo para derrotar el temor de que otra persona tendrá lo que nosotros no podemos. Apenas realizamos bien algo que nos interesa y ya vamos en pos de la siguiente. Queremos más, necesitamos más, no podemos funcionar sin más.

C. S. Lewis, en una de sus historias clásicas de Narnia *El caballo y el muchacho*, resumió la lucha con estas palabras: «Uno de los inconvenientes de las aventuras es que, al llegar a los lugares más hermosos, a menudo uno se siente muy inquieto y tiene demasiada prisa para apreciarlos».[10] No me malinterprete. No hay nada de malo con las vacaciones o lecciones de música o correr maratones. Todas ellas pueden ser grandes aventuras, y si tiene el presupuesto para cubrir el gasto, pueden llevar a maravillosos recuerdos. Pero hay una trampa peligrosa de la tentación bajo nuestros pies si vinculamos nuestras decisiones con el temor. En medio de esa ansiedad y apuro, nos perdemos completamente de los lugares más hermosos de nuestras vidas.

Cuando sacrificamos nuestras finanzas porque tememos que nuestros bebés se perderán de algo, todos sufren. Claro, su hijo tal vez pueda disfrutar de Disney World ahora mismo, pero después tal vez usted no pueda con el costo de estudiar en la universidad. O descubre una manera de comprar todos los regalos, lecciones y ropa de diseñadores, pero no provee de suficientes fondos (o no provee fondos en lo absoluto) para su jubilación. Más de una vez, una madre me ha dicho: «Pero yo no quiero que mi hijo pague por mis errores financieros de antes. Así que vamos a proseguir y... comprar el *cámper*/pagar el viaje con la tarjeta de crédito/usted rellene el espacio». Como podría suponer, al aumentar un error con otro, su historia nunca termina bien.

¿Me permite el atrevimiento? Su hijo *sufrirá* de una forma u otra por los errores que usted cometió con el dinero. Sea que él no vaya a Disney World ahora mismo porque usted no puede pagar por ello o él termine amarrado cuidando de usted en su vejez por no haber ahorrado para su futuro, es probable que él sienta el impacto de sus decisiones. Cuando usted deja que el temor de decepcionar a otra persona (su hijo, sus padres, sus amigos) o incluso el temor de decepcionarse a sí mismo dicte sus decisiones financieras, gana el FOMO.

No estoy tratando de ser un aguafiestas o arruinar la diversión familiar. Pero nadie puede hacer todo. El temor de perderse de algo murmura mentiras de lo contrario. Especialmente cuando se trata de la crianza de hijos, usted necesitará tomar algunas decisiones difíciles en el trayecto. Enfrentará decisiones y caminos. A veces tendrá que decir no para poder decir sí a otra cosa. Dirigirse hacia el amor de hacerse presente nos obliga a tomar la decisión difícil y ponernos bien los pantalones de adulto. Tenemos que reconocer nuestras limitaciones a fin de criar hijos sanos.

Si le parece difícil soportar la conexión entre la crianza de hijos y FOMO, busque a padres que piensen como usted para que le ayuden en su travesía. Únase a una célula donde pueda compartir abierta y sinceramente sus problemas. Si sus mentores económicos son padres, aproveche esa sabiduría adicional. Busque un grupo de apoyo como MOPS o una comunidad de madres para conseguir soporte. Y puesto que FOMO tiene sus raíces en los celos y la envidia, pregunte a un padre, abuelo, u otro adulto mayor que influyó en su vida cómo combatieron los celos o qué aprendieron de sus errores financieros.

## ¡Ya basta!

No hace mucho tiempo nosotros tuvimos una conversación con nuestra hija Anna acerca del concepto de los rendimientos decrecientes. Como todas las grandes conversaciones, se convirtió en un diálogo acerca de helados. El punto fue este: si usted hace exactamente lo que quiere hacer todo el tiempo, no podrá hacer exactamente lo que quiere.

Piense en su helado favorito. Usted puede comer helados todos los días por un tiempo. Pero al final, su doctor lo va a detener y medicarle para la diabetes. Le prohibirá ir a la heladería por el resto de su vida, todo porque no ejerció dominio propio. El mismo principio se aplica al sueño e ir de compras. Usted puede sobrellevar unas cuantas trasnochadas, pero si pasa un par de semanas sin dormir bien, habrá comprado un boleto de ida al manicomio. E ir de compras puede ser un deporte de choque divertido, pero comprar para recrearse en última instancia vaciará su cuenta bancaria y le pondrá en una situación en la que no podrá comprar para nada.

FOMO le tienta de hacer cosas que no puede pagar. Tal vez se salga con la suya por un corto tiempo, pero la acumulación de varios gastos comunes con el tiempo lo sacará del quicio. El temor de perderse de algo empaña su juicio, haciendo que las emociones a corto plazo dicten las decisiones a largo plazo. Es una trampa peligrosa, una pendiente resbalosa, y una bomba de tiempo esperando explotar en su matrimonio.

Cuando usted aprende a dirigirse hacia el amor de hacerse presente —hacia disfrutar lo que tiene en vez de anhelar lo que no tiene— se dará cuenta de que no quiere o necesita la vida, las cosas, o el cónyuge de ninguna otra persona. Usted ya tiene la vida abundante para vivirla conforme fue creado. Ya tiene el esposo o la esposa que Dios específicamente le ha dado. Ya tiene suficiente.

## Preguntas de discusión

1. Brian y Cherie filtraron la toma de sus decisiones a través del lente de la dieta Atkins. ¿Alguna vez ha tratado de hacer un cambio de vida en base a una mentalidad que busca una solución rápida? ¿Cuál fue el resultado?

2. ¿Alguna vez ha sido víctima de un robo de identidad por medio de la piratería informática por la Internet? ¿Qué compró el pirata? ¿Cómo se sintió usted?

3. ¿Qué plataformas de medios sociales le hicieron tropezar con el temor de perderse de algo? ¿Se puede identificar con la experiencia de Cherie de establecer expectativas poco realistas en base a lo que ha visto u oído por la Internet?

4. ¿En qué forma la predicción de que tres de cada ocho años se pasarán por la Internet cambia su mentalidad acerca de chequear su teléfono?

5. ¿Qué es lo que hace que sea tan difícil la combinación de FOMO y la crianza de hijos? ¿Cómo puede lidiar cuando se trata de enfrentar los temores de que quizás no pueda suplir cada experiencia y cosa para su hijo? ¿Es usted parte de un grupo que le alienta como padre de familia? Empiece a buscar uno si no lo tiene.

## Fomentando la estimulación
## seductora de las finanzas

- Haga una lista de tres pasos que puede tomar para evitar los detonantes FOMO más grandes y tome esos pasos.
- Haga una pausa cada vez que se sienta obligado a abrir un canal de medios sociales esta semana y en su lugar ore con gratitud por su cónyuge y agradezca a Dios por suplir sus necesidades, incluyendo los detalles específicos.

## CAPÍTULO 9

# ¿Quién es el centro de su matrimonio?

## De conexión del consumidor a una conexión Cristocéntrica

---

*Mi fe me enseña que el camino para unir almas enamoradas debe necesariamente incluir una crucifixión, y creo que hay una metáfora ahí para el matrimonio.*

**DONALD MILLER**

Hace mucho tiempo en una galaxia lejana, muy lejana, nuestros abuelos solían comprar chocolates en una caja dorada grande. Encima de los preciados dulces estaba un pedazo de papel negro largo y arrugado que hacía un ruido agradable cuando uno lo apretaba entre el pulgar y el dedo índice. Y debajo de esa capa de protección valiosa, los trozos más deliciosos estaban acurrucados en el designado espacio de envoltura plástica. La parte más difícil de escoger un chocolate estaba en no saber lo que había adentro. Cada uno estaba lleno de un sabor pegajoso, pero a menos que usted recordara la forma específica de la exquisitez en base a una experiencia anterior, terminaba escogiendo insensatamente. Mientras fruncía su rostro decepcionado, tal vez fue uno de los pocos frustrados que ponían el dulce medio mordido en su hogarcito de plástico (qué asqueroso, hermano, tíralo nomás).

En las décadas desde que nuestros abuelos compraban estos chocolates en caja, la tecnología de empaquetamiento de dulces ha mejorado a pasos agigantados. Muchos ahora incluyen un mapa indicando qué dulce en particular está en cada microcompartimiento. Ya no tenemos que soportar un relleno enfermizamente dulce que no nos gusta. En cambio, podemos elegir exactamente qué sabores queremos probar.

El relleno de cada dulce solía arruinar o completar la experiencia de comer dulce. Sea una tarta de fruta o un caramelo suave, la satisfacción o la decepción dependían de lo que había en el medio. Escondido tras un caparazón que parecía exactamente igual a todas las demás en la caja, el sabor de adentro determinaba toda la dirección de la experiencia. El centro de cualquier cosa impulsa la experiencia.

Si bien el dulce sabroso no es una metáfora total de las relaciones, todos necesitamos hacer la pregunta crucial: «¿Qué está en el centro de nuestro matrimonio?». La publicidad y la cultura a gritos nos dicen lo que *necesitamos* como pareja casada: ¡Citas nocturnas! ¡Un carro nuevo! ¡Joyería! ¡Salir por el fin de semana! ¡Una casa nueva! ¡Hijos! ¡Un retiro, unas vacaciones, un crucero! Como individuos y como pareja, nos sentimos obligados a consumir todo lo posible, lo más rápido posible, el mayor tiempo posible.

Pero al final, comprar cosas no trae satisfacción. Nunca puede ser dueño de lo suficiente para llenar el agujero en su alma amoldado solo para Dios. Coleccionar más juguetes no conduce a la vida eterna o incluso una vida plena en la tierra. Rellenar cosas donde solo el

Espíritu puede ir siempre decepciona. Nuestros matrimonios fracasan cuando se centran en consumir. Poner nuestra fe en «cosas» en lugar de Jesús nos deja con un fundamento poco firme que con seguridad va a tambalear y derrumbarse cuando la vida se pone difícil. Así como esos dulces misteriosos, el centro impulsa la experiencia de nuestros matrimonios. Si nuestro centro es cualquier cosa excepto Jesús, hallaremos razones para creer que nuestras vidas no son suficientemente buenas. Estaremos tentados de poner nuestros matrimonios medios mordidos en la metafórica caja dorada y escoger otro dulce. Luego repetimos el ciclo una y otra vez. Sin nada más que una caja no comestible y acidez estomacal, nos quedamos vacíos y tristes. *El consumismo siempre conduce a la esclavización. Solo centrar nuestras vidas en Jesús nos hace libres.*

¿Pero cómo sacamos nuestros dedos de la caja de dulces? Muy a menudo, caemos en patrones de comprar cosas para llenar los vacíos en nuestras almas sin siquiera darnos cuenta de lo que está pasando. Dirigir nuestros matrimonios de una conexión de consumo hacia una conexión centrada en Cristo requiere esfuerzo y ser intencional, para librarnos de la esclavitud.

## Renueve su mente colectiva: Brian

Encerrado en el asiento de atrás de un patrullero, mi mente coreteaba y analizaba las probabilidades de escapar. Estoy seguro de que Los Dukes de Hazzard pudieron haber descubierto una manera de escapar; ellos tenían más experiencia que yo. Mis aprietos se parecían más a Barney Fife de *El Show de Andy Griffith* que a Bo Duke. De vez en cuando Barney, distraído limpiando o silbando, sin darse cuenta se encerraba en una celda. Con cierta ayuda, mi confinamiento similar sucedió a raíz de una distracción en vez de haber estado metido en problemas con la ley.

Mi título universitario requería un internado con el cuerpo de policía. El detective con quien hacía las prácticas me permitía que lo acompañara a él y un consejero escolar a una conferencia donde estaban programados para dar una charla. Yo me rehusé sentarme enfrente con él, y viajé en la parte de atrás del patrullero por primera (y última) vez. Al llegar al centro de conferencias, el detective y el consejero hablaron detalladamente acerca de la presentación mientras entraban. Yo, por otro lado, me distraje con mi helado y luego no pude salir del vehículo. Porque... era un patrullero. Las puertas traseras no se abren por dentro por una buena razón. No hacía calor y yo tenía un helado, así que esperé. Afortunadamente, el detective era, bueno, un detective y se dio cuenta de que había disminuido el número de personas. La terrible experiencia duró lo suficiente como para que él entrara al centro de conferencias e inmediatamente saliera y me dejara salir.

Si usted alguna vez se ha sentido atrapado en una situación, aun si es temporal, usted conoce la angustia que acompaña. Los patrulleros no son la única forma en que por accidente quedamos atrapados. Cuando nos distraemos o caemos en los mismos hábitos y rutinas de gasto poco saludables comunes a aquellos que nos rodean, nuestro encarcelamiento financiero dura mucho más que lo que lleva comerse un helado. Si no prestamos atención, nuestros matrimonios se hundirán con patrones de drenaje sin un escape previsible. Hay, sin embargo, una forma de librarse aparte de rogarle a Otis, el borracho del pueblo, que le entregue la llave.

«No se amolden al mundo actual, sino sean transformados mediante la renovación de su mente. Así podrán comprobar cuál es la voluntad de Dios, buena, agradable y perfecta» (Romanos 12.2). El patrón de este mundo graba profundamente el consumismo en nuestras almas. Marcado por la cicatriz del comercio, y agotado por ir en pos de algo más, mejor, más nuevo y más rápido, nuestro matrimonio se derrumba. Con sus energías consumidas por esta carrera interminable que no se puede ganar, usted no le da a su cónyuge la atención y el afecto que se merece. Usted nunca planificó desconectarse de su esposo o esposa, así que con buenas atenciones promete volverse a conectar. Lamentablemente, el único patrón que conoce repite y empeora su calamidad. Más dinero y mejores cosas no pueden rectificar un problema producido por la búsqueda de más dinero y mejores cosas.

Cuando se presta atención, la amonestación de Dios en contra de conformarse al patrón de este mundo le protegerá de desintegrar su matrimonio. La casa más grande, el carro más rápido, las mejores vacaciones, el siguiente ascenso, la ropa más de moda, las fiestas más alocadas, todo esto lo lleva a la insatisfacción con su cónyuge, la destrucción de sus finanzas y el desmantelamiento de su matrimonio. Un constante anhelo de tener algo nuevo se apodera equivocadamente de su mente para que desee una compañía diferente.

Borrar los patrones perjudiciales requiere una transformación completa. La palabra *transformación* en griego (*metamorphose*) es de donde proviene la palabra *metamorfosis* y a veces se traduce como «transfiguración». Por medio de la metamorfosis, una oruga común forma una crisálida y posteriormente se rompe y sale como una hermosa mariposa. Este tipo de transformador es distinto al de Optimus Prime, porque usted todavía puede ver más o menos que este es un camión. La transformación trae como resultado algo irreconocible por el original. Pero así como esos fascinantes robots, la verdadera transformación va más allá de lo que ven nuestros ojos.

Dar reversa a arraigados patrones poco saludables se parece a la resurrección. Hay una muerte a las viejas costumbres y un renacimiento a una nueva creación. Un cambio de corazón se manifiesta y también lo hace una diferenciación notable del comportamiento. Dios interviene y nos amolda transformándonos de quebrantados a hermosos mediante la renovación de nuestras mentes. En nuestros matrimonios, la renovación colectiva de nuestras mentes rompe los patrones dañinos. Esposos y esposas resucitan sus matrimonios simplemente soplándose vida mutuamente por medio de la Escritura. Leer la Biblia juntos conecta no solo sus mentes, sino sus corazones de una manera que cambia la dirección de su matrimonio hacia una senda mejor. Aprender y recibir la Palabra de Dios juntos le abrirá a una conexión centrada en Cristo. Un tiempo constante e intencional juntos descubriendo el plan de Dios para sus vidas es la antítesis de los patrones consumistas.

Desde una perspectiva práctica, conforme estén leyendo la Palabra de Dios juntos, están absteniéndose de los patrones dañinos por lo menos durante ese período de tiempo. Desde una perspectiva espiritual, usted forma una conexión centrada en Cristo que reorienta la manera de pensar de ambos. El consumismo no puede contra la intimidad estimulada por la renovación de sus mentes juntos.

## Despidiéndose de Drexel: Cherie

Cuando nos mudamos a nuestra casa hace quince años, no teníamos la menor idea que nos habíamos sacado la lotería. A un lado de nuestra casa de un piso de los años 50 de ladrillo y piedra, vivían Gene y Cher, personas maravillosas que, gracias a sus dos perros, impidieron que necesitáramos comprar mascotas a nuestras hijas. Y al otro lado vivían Nettie y Drexel Martin, la gente más dulce y de voz suave que jamás hayamos conocido. Drexel construyó su casa de los años 50 con sus propias manos.

Todas las tres casas estaban sobre aproximadamente un acre y medio de terreno. Mitad pasatiempos y mitad costumbre, Drexel parecía cortar el pasto todos los días. Su césped cuidadosamente recortado tendía a hacer que el nuestro pareciera un lote abandonado. En el primer par de meses de vivir ahí, atasqué nuestra máquina cortadora de césped en una pendiente empinada. Nettie y Drexel salieron de la puerta delantera sin vacilar y juntos me empujaron y sacaron de la zanja. ¿Mencioné que tenían poco menos de ochenta años en ese entonces?

Con los años los Martin sirvieron como bisabuelos suplentes de nuestras dos hijas. Ellos las dejaban ver Bob Esponja en su televisión por cable, las llenaban de bocaditos con azúcar y escuchaban interminables horas de historias de niñitas. Nos imaginamos que ellos aprendieron mucho más de lo necesario acerca de nuestra casa por medio de esas tardes que pasaban entreteniendo a las chicas Lowe.

Hace un par de años Drexel empezó a cortar el césped menos y menos días durante los meses de verano. Y no lo veíamos lanzando pelotas de golf en el jardín de atrás o caminando por el terreno a tempranas horas de la mañana. Su salud se deterioró y pasaba tiempo entrando y saliendo del hospital. Nos pareció difícil de creer cuando trabajadores del centro para desahuciados llegó a la entrada de la casa de al lado para empezar a guiar a nuestro dulce vecino a pasar sus últimos días de vida en la tierra. Nuestra hija menor, Zoe, que tenía entonces siete años, fue a jugar hula-hula en el jardín de adelante, esperando sacarle una sonrisa a su rostro mientras él yacía en la cama del hospital frente a la ventana de adelante.

No pasó mucho tiempo hasta que nos encontramos en la funeraria, abrazando fuertemente a Nettie y escuchando al dulce sonido de la música gospel sureña que a Drexel le encantó toda su vida. Nettie habló con su tono suave de costumbre.

«Simplemente no puedo creerlo, cariño. No puedo creer que haya perdido a mi amigo». Pasaron sesenta y nueve años desde que hicieron sus primeros votos matrimoniales y Drexel, el amor de su vida, ya no iba a cortar el césped, o tocar la guitarra para las pequeñas visitas de al lado, o tomarle la mano mientras él y Nettie paseaban por el centro comercial. Al estar cerca de Nettie, yo sabía que su vida nunca volvería a ser igual sin su dulce y bondadoso Drexel. Siete décadas de vivir juntos y amarse mutuamente deja huellas en el alma.

Gracias a una cantidad de largas conversaciones en las tardes que tuve anteriormente mientras visitaba a Nettie, yo sabía que ella y Drexel centraron su matrimonio en Jesús. Mientras rogaba que mis hijas no rompieran los hermosos figurines de porcelana distribuidos por toda la sala de ellos, miré una gran Biblia totalmente abierta en un estante prominente junto a la silla de Nettie. Hablamos de la iglesia y el rol de Dextrel como ujier. Más de una vez se mencionó a los Gaithers, una familia de Indiana que cantaba canciones góspel sureñas.

Drexel y Nettie trabajaban duro y vivían con sencillez. Una vez, Brian le preguntó a Drexel si podía tomar prestado un inflador. Notando el estado brilloso e impecable de la herramienta, Brian preguntó: «¿Dónde conseguiste esto, Drexel?». Su respuesta: «Lo he tenido desde la Segunda Guerra Mundial». En la misma casa, con las mismas herramientas y vehículos de calidad, pero no llamativos, Nettie y Drexel edificaron su matrimonio sobre algo mucho más sólido que lo que se podría consumir. Edificaron su matrimonio sobre un fundamento de fe, una conexión con Cristo.

Este es el objetivo final que anhelo para mi matrimonio. Después de todo, algún día mis hijas tendrán la tarea de limpiar lo que dejé atrás —la colección de camisetas de la Mujer Maravilla, la decoración de la casa, las botellas de vidrio para el agua, mi antigua máquina de escribir, mi bicicleta de paseo estilo antiguo— porque no me puedo llevar conmigo esas cosas al más allá. Ninguno de nosotros puede. Todos los lindos zapatos, la alfombra perfecta, las pinturas tan buscadas, los televisores, los carros, las carteras, los productos de belleza, los muebles —nada de eso es eterno.

Pero aquí es donde se queda la mayoría de nosotros, los que vivimos en plena zona residencial en las afueras de la ciudad, soñando en la siguiente «cosa» que podamos encontrar en oferta, esperando que llegue nuestro pedido en Amazon. Las cosas nunca satisfacen. Las cosas solo hacen que anhelemos más cosas. Nuestras almas anhelan adorar un Creador, pero una y otra vez tratamos de hallar contentamiento divino en lo creado. Es un ciclo infructuoso en el que descabellada y desesperadamente agarramos cualquier cosa que pudiera llenar el vacío tremendo en nuestra alma.

De vez en cuando hacemos lo mismo en nuestros matrimonios también. Nos engañamos para pensar que una casa nueva o una cita nocturna o unas vacaciones o una piscina pudiera ser la clave para acercarnos más el uno al otro. Si tan solo pudiéramos comprar esa cosa mágica, tal vez nuestros problemas se disiparían. Quizás si dejáramos de pelear finalmente tendríamos la relación que siempre hemos soñado. La mentira se repite en nuestra cabeza, engañando nuestras almas para pensar que el matrimonio se puede comprar, así como las otras cosas atractivas que queremos.

Es una astuta mentira también. Porque nadie se atreve a decir en voz alta que es una ridiculez. Jamás conocí a alguien que dijera: «Nuestro matrimonio finalmente está en buen camino. ¡Acabamos de comprar un nuevo cámper!» o «Finalmente atravesamos un tramo duro gracias al lindo espejo antiguo que encontramos en eBay».

Ver a Nettie llorar por Drexel grabó la verdad en la frente de mi mente: usted no puede centrar su matrimonio en las cosas. Las cosas se malogran, caducan y pasan de moda. Las cosas son temporales. Cuando las cosas que usted tiene ocupan el centro de su relación, todo da vueltas y se convierte en una avalancha de productos caseros, artículos electrónicos, ropa y equipo deportivo. Todo lo que le queda es un montón de basura en medio del piso de su sala. Usted necesita más que cosas. Fue creado para más que cosas.

Fue creado para libertad.

En Gálatas 5.13-15, aprendemos qué hacer con la vida libre a la que Dios nos llama:

> Les hablo así, hermanos, porque ustedes han sido llamados a ser libres; pero no se valgan de esa libertad para dar rienda suelta a sus pasiones. Más bien sírvanse unos a otros con amor. En efecto, toda la ley se resume en un solo mandamiento: «Ama a tu prójimo como a ti mismo.» Pero si siguen mordiéndose y devorándose, tengan cuidado, no sea que acaben por destruirse unos a otros.

Como ve, ir en pos de comprar más y más solo conduce a nunca tener suficiente. Es una cárcel, lo más opuesto a la libertad. ¿Pero cuál es la llave que abre una vida y un matrimonio engañado para pensar que no tiene suficiente? Servirse unos a otros con amor. Deje que eso penetre por un momento. *La única manera en que usted puede ser verdaderamente libre del ciclo de consumismo que enferma el alma es amar a otros como usted se ama a sí mismo.* Usted ha sido llamado a amar a su cónyuge y servir a su cónyuge. Dentro de su matrimonio, así es como crece la libertad.

La libertad se desvanece cuando empezamos a atacarnos. Lamentablemente, nuestros argumentos acerca del dinero aumentan cuando hemos contraído el virus del consumismo, comprando cosas de las que no hemos hablado o permitiendo que nuestros corazones sean cautivados por la búsqueda de algo nuevo y mejorado que sencillamente debemos tener.

Yo tengo muchos sueños para nuestro matrimonio. Para empezar, me gustaría permanecer casada. Si bien no estoy con muchas ganas de esa parte que dice «hasta que la muerte los separe», si podemos vivir vidas centradas en Jesús, sé que, como Nettie, estaré bien. Sueño con que juntos podremos usar el dinero que hemos ganado para bendecir y animar a hombres y mujeres por todo el mundo que necesitan el amor de Dios en sus vidas. Sueño que podamos ser parte de un cambio en nuestra comunidad y el mundo en formas que resalten la redención y la belleza. Sueño con que veamos a nuestras hijas encontrar el éxito y la felicidad, significado y propósito en sus vidas. Sueño que un día podamos viajar juntos, experimentando las grandes maravillas de la creación de Dios.

No sueño con aniquilar a Brian o nuestro matrimonio.

Cuando apuntamos hacia el consumismo, el objetivo final es la aniquilación. Centrados en Cristo, crece la libertad para amar. ¿Cuál es su sueño?

## Sueñe a lo grande: Brian

Posiblemente el error económico y conyugal más atroz que yo haya cometido sucedió dos años antes de empezar nuestra travesía de acabar con las deudas. Cargado de temor, mi mentalidad fiscal cambió y me acerqué a Cherie con un programa para ajustarse las correas y atacar nuestras facturas. En retrospectiva, fue más una emboscada que un acercamiento. Sin una advertencia y con la gracia de un toro en una tienda de porcelanas, mi discursito autoritario falló. Mi falla como esposo y en el aspecto financiero fue que mi plan careció de siquiera una pizca de amor o empatía. Recuerde: «Esposos, amen a sus esposas, así como Cristo amó a la iglesia» (Efesios 5.25).

Estructuralmente, el plan que le presenté a Cherie era sólido. La presentación, por otro lado, llevó al fracaso lo que era un gran concepto. Serví filete en el asiento de un inodoro.

Brian: Cherie, vamos a rehacer totalmente nuestras finanzas. Quiero hacer esto.

Cherie: (el rostro en blanco, mirada confundida)

Brian empieza a explicar. Cherie empieza a protestar.

Termina la escena con un silencio incómodo.

El error más pronunciado involucró el concepto equivocado de que el primer paso hacia el bienestar económico es un plan. Mi hiperenfoque en la metodología sobrevaloró la urgencia de tener una estrategia y descuidó un elemento crítico del cambio económico: una meta compartida. Por la gracia de Dios cambiamos de rumbo juntos y dos años después nos lanzamos hacia la derrota del dragón de las deudas.

Pagar una insuperable cantidad de deudas no empezó con un plan, un presupuesto, o incluso un acuerdo. En cambio, nuestra travesía hacia la libertad financiera empezó con un sueño compartido. Nervioso y desorientado por la opresión infligida a mí mismo a través de pagos cada vez mayores, soñar juntos catalizó nuestra determinación y orientó nuestra trayectoria. Mientras uno se tambalea con la tensión financiera, dejar que la vida siga su rumbo es fácil pero muy peligroso. Cuando usted vive en base al consumo, su matrimonio se consume por una búsqueda eterna de comprar sin un propósito.

Soñar juntos se imagina un matrimonio en el que su conexión centrada en Cristo dicta su futuro. Cherie y yo soñábamos con la forma en que se verían nuestras finanzas si no debiéramos dinero a nadie. ¿Qué podríamos hacer? Hablábamos de individuos y organizaciones a los cuales podríamos dar más dinero. ¿A quién bendeciríamos? Rogábamos por un método de manejar nuestro dinero de una manera que impactara el reino de Dios. ¿En qué forma se haría Dios presente? Nos visualizábamos supliendo educación universitaria y un futuro para nuestros hijos. Soñábamos con jubilarnos temprano. Planificábamos posibles vacaciones familiares y escapadas solo para los dos. Nos imaginábamos un futuro en el que no estábamos constantemente estresados por la falta de dinero o preocupados si íbamos a poder cubrir los gastos a fin de mes. ¿Cambiaría nuestro mundo? Nuestros sueños y la fidelidad de Dios nos llevaron a la liberación.

Sí, un plan siguió después. Pero primero, hubo un sueño.

Con demasiada frecuencia nos enfocamos en los pasos requeridos para barrer con nuestro caos. Queremos un programa o un proceso o una fórmula matemática mágica cuando lo que realmente necesitamos es compartir un sueño. Si está ausente un motivo convincente para la mejoría, las fallas del dinero persistirán y el consumismo se meterá en la escena. Alineen sus corazones y recursos en torno a un propósito unido centrado en Cristo. Sí, usted necesitará un plan, pero un diagrama de flujo no le dará aliento en medio de los tiempos difíciles de la misma que lo haría un sueño claro. Sus planes, sus presupuestos y sus pasos a corto plazo están diseñados en torno y debido a sus sueños compartidos. El sueño siempre viene primero. Y un sueño compartido centrado en torno a Jesús destroza el consumismo.

Adoptar sueños compartidos parece poco natural al principio. Hacerse estas preguntas perspicaces el uno al otro facilita una conversación sincera.

- ¿Cómo se ve un futuro económico más resplandeciente?
- ¿Qué metas para nuestro matrimonio, nuestra familia y nuestra comunidad resuenan con usted?

- Si nuestros futuros egos nos escribieran una carta, ¿qué nos pedirían hacer?
- ¿Qué es lo que le parte el corazón?
- ¿Qué es lo que le hace cantar a su corazón?
- ¿Qué estamos haciendo ahora que nos va a ayudar a realizar nuestros sueños compartidos?
- ¿Qué necesitamos dejar de hacer para que nos ayude a realizar nuestros sueños compartidos?
- ¿Se alinean nuestros sueños compartidos con la voluntad de Dios para nuestras vidas?

## La diferencia entre un matrimonio bueno y uno fabuloso: Cherie

Estoy bastante segura de que no recordaría nada acerca de mi vida o los primeros años de crianza de hijos si no fuera por la función de Recuerdos de Facebook. Yo hago un trabajo aceptable de registrar por la Internet los momentos especiales de nuestras vidas para que los abuelos y amigos esparcidos por todo el mundo puedan saber lo que está pasando con nuestra familia. Pero pregúnteme que recuerde algo específico en años recientes, y yo me hallo en problemas. Gracias, tecnología; ¡que linda que eres!

Como bonificación adicional, entre la mezcla de fotos de bebés y expresiones graciosas de mis hijas, a menudo encuentro algunas letras de canciones, citas de *podcasts*, referencias bíblicas y pasajes de libros que estaba leyendo en ese entonces. Hace unas semanas, me encontré con estas palabras en un informe de datos actualizados que compartí sin hacer referencia de la fuente. No estoy segura si fue un mentor, amigo, o un autor, pero el sentimiento es demasiado fuerte para no citarlo aquí: «Alguien me dijo recientemente que la diferencia entre un buen matrimonio y uno fabuloso son las dos o tres cosas que no dice todos los días».

Cuanto más tiempo estoy casada, más siento esta sabiduría en mis huesos. La mayoría de días, me beneficiaría (y, como resultado, nuestro matrimonio se beneficiaría) si aprendiera a mantener mi boca «más rápida que mi cerebro» callada. No me malinterprete, hay un tiempo y un lugar para ser osado con su cónyuge y compartir una verdad difícil. Dentro del contexto del matrimonio, nos refinamos mutuamente señalando las formas en que nos quedamos cortos del plan de Dios para nuestras vidas. Sin embargo, estoy bastante segura de que respirar con dificultad cuando mi esposo hace lo que considero que es menos que preferible cambio de carril en la carretera sirve de muy poco para hacer que él se parezca más a Jesús. Por otro lado, hace que se irrita conmigo mientras simultáneamente corroe nuestro matrimonio.

Todos nosotros anhelamos tener matrimonios fabulosos. Los matrimonios fabulosos necesitan trabajo y agallas. Exigen servir con amor y ajustar nuestras expectativas. Los matrimonios fabulosos ignoran lo que la cultura dice que necesitamos o merecemos y en cambio eligen el camino mucho más desafiante de poner las necesidades de nuestro cónyuge delante de las nuestras. Impulsados por el frenesí del mercadeo, plasmamos en nuestras almas mensajes como «Tú puedes tenerlo todo» o «Tenlo a tu manera».

Amigos, no podemos tenerlo todo, y no puede ser siempre a nuestra manera, no si queremos permanecer casados por lo menos. En el matrimonio, usted no es un felpudo, pero tampoco puede ser un buldócer. En cambio, usted debe reemplazar los deseos egoístas con el amor.

Levante la mano si escuchó 1 Corintios 13 en una boda. Es un pasaje grandioso de la Biblia, pero la repetición a veces hace que nos perdamos de su profundo significado. Podemos hasta decir las palabras entre dientes sin pensarlo y nunca guardarlas en nuestros corazones.

Una sabia amiga mía señaló que tal vez debo abordar este pasaje con ojos nuevos. Especialmente en el contexto del matrimonio, ella dijo que debería considerar reemplazar la palabra *amor* con el nombre mío en cada uno de los versículos...

Cherie es paciente, Cherie es bondadosa.

Cherie no es envidiosa ni jactanciosa ni orgullosa.

No se comporta con rudeza, no es egoísta, no se enoja fácilmente, no guarda rencor.

Cherie no se deleita en la maldad, sino que se regocija con la verdad. Todo lo disculpa, todo lo cree, todo lo espera, todo lo soporta.

¡Ay! Con mi ego totalmente probado, empecé a ver mis propios defectos en cámara lenta. Cada caso en que transgredí el propósito de Dios para mi vida rodó por mi cerebro con claridad en alta definición. Si soy sincera con mi propio pecado, rara vez correspondo a alguna de estas palabras descriptivas en este pasaje icónico del amor. Leer las palabras impresas ahora mismo hiere. Me duele darme cuenta de una falta total y completa de amor en mi vida.

Pero todos estaríamos agotados por los mandatos de amor si tuviéramos que hacerlo por medio de nuestra propia fuerza. Vivir vidas de amor es imposible sin la gracia y fortaleza que solo vienen de Dios. Los matrimonios prósperos y sanos que carecen del amor de Dios son raros o no existen. ¿Qué tiene que ver el amor con el consumismo podría preguntar usted? El amor requiere que muramos a nuestros propios deseos egoístas en busca de algo mucho más grande. Cuando decimos no a nosotros mismos, empezamos a parecernos un poquito más a Jesús.

Me encanta la cita al principio de este capítulo. La compartiré en caso de que se le pasó por alto: «Mi fe me enseña que el camino para unir almas enamoradas debe necesariamente incluir una crucifixión, y creo que hay una metáfora ahí para el matrimonio».[1]

Cuando se unen las almas, algo debe morir para crear una nueva vida juntos. A veces esa muerte es dolorosa. Nunca es sin sacrificio. Y a veces, el otro individuo no escoge el mismo camino de crucifixión. Tal vez un cónyuge decide ir en pos de cosas, potencialmente dejando a la otra persona totalmente sola. Pero a menudo, la decisión es mucho más sutil y seductora. Es tentador pensar que todas las compras que hacemos son necesarias y todas las compras que hace nuestro cónyuge son frívolas. Nuestra inclinación natural hacia nosotros mismos nos engaña para pensar que solo uno de nosotros hace sacrificios y «siempre soy yo».

Aun si tiene razón con su suposición, no quiere decir que deba contestar igual y tomar sus propias decisiones egoístas. Gastar por tomar represalias solo aumenta los problemas económicos que llevan las parejas.

No es popular o de moda decir que necesita morir a sí mismo diariamente en su matrimonio. No es por cierto una imagen del «encuentro de la dicha» o vivir una vida despreocupada. Un compromiso contra la cultura como este parece desafiante y peligroso. Usted se arriesga sin la promesa de una recompensa o incluso una posible retribución. Pero entonces, Jesús no murió por nosotros mientras estábamos muriendo por él. Él murió primero. No había garantía de que íbamos a responder a su acto de amor. No hubo acción por parte nuestra o ni siquiera una promesa. Él puso su vida porque era la única manera para que nuestras almas se unieran a la suya.

Hemos visto parejas realizar actos milagrosos de amor por sus esposos y esposas, dejando sus propios deseos y sueños para reflejar a Jesús. Sostener una mano durante la quimioterapia, hacer una vigilia al lado de una cama del hospital, dejar una carrera por el beneficio de la otra persona, permanecer casada y pelear por su relación aun después de una desgarradora infidelidad, mudarse miles de kilómetros para que la otra persona pueda estar más cerca de envejecidos padres, compartir el dolor y desafío de la infertilidad, en momentos como estos levantamos plegarias que dicen «Solo Jesús puede ayudar a que alguien tome una decisión como esta. Gracias, Dios mío».

Nosotros probablemente centramos nuestros pensamientos en estos tipos de sacrificios trascendentales. Pero cada vez que elige dejar lo que quiere por el beneficio vivificador de otro, usted está reflejando una conexión centrada en Cristo. Puede verse mucho más modesto: preparar el café, cuadrar la chequera, sacar la basura, proveer un momento de respiro después de un largo día, empacar un almuerzo, encender la máquina cortadora de césped, o simplemente mirar fijamente a sus ojos y decir: «Te amo». Tal vez sea escribirle una nota de aliento. Quizás sea mirarle a los ojos y escuchar lo que ella tenga que decir. Tal vez sea hacerse presente para lo que le importa a la otra persona. Si es importante para ella, es importante para usted. Las oportunidades cotidianas no glamorosas abundan. Si desea aprovecharlas depende de usted.

No estoy diciendo que morir a sí mismo o incluso morir al consumismo sea fácil. Puede ser una agonía. Pero cuando prometemos unir nuestras vidas y nuestras almas juntas, ese es el trato que hacemos. El matrimonio centrado en Cristo no es para cobardes. No me malinterprete, el amor entre dos seguidores comprometidos de Cristo representa el amor de Dios por nosotros. Es algo de hermosura divina. El amor crucificado —amor que muere a sí mismo y acerca a su cónyuge más a Dios— es la diferencia entre un matrimonio bueno y uno fabuloso.

## Escapándose de la arena movediza

Al crecer en los años 80, parecía que en cada programa de televisión o película que veíamos aparecía por lo menos una escena en la que un personaje caía en la arena movediza. Si usted era un niño en esa época, usted anticipaba encontrar arena movediza en unas vacaciones en la playa o simplemente en su jardín trasero. La adultez revelaba mucho menos arenas movedizas físicas en nuestras vidas, pero probablemente más arenas movedizas metafóricas de las que anticipábamos.

El consumismo se mete como la arena movediza. Antes de darnos cuenta, ya estamos hasta el cuello con deudas, agarrando desesperadamente algo que nos saque del hueco que cavamos nosotros mismos. Es fácil jalar a otra persona al mismo revoltijo o ser jalados como víctimas. Como parejas casadas necesitamos estar alertas de las trampas del consumismo.

El remedio para el consumismo es el amor, específicamente el amor sacrificado de Jesús. Servir con amor y morir a uno mismo refleja a Jesús. El amor y hacer a un lado nuestros deseos hace que crezca la libertad. No tenemos que estar encerrados en la cárcel del consumismo. Podemos tener matrimonios fabulosos centrados en el amor de Cristo. Lo cual al final sabe mucho mejor que hasta el mejor chocolate en la caja dorada.

## Preguntas de discusión

1. ¿Qué está en el centro de sus dulces favoritos? ¿Alguna vez ha probado algo que creyó que tenía un sabor diferente?

2. Brian dijo: «Dios interviene y nos amolda transformándonos de quebrantados a hermosos mediante la renovación de nuestras mentes». ¿Por qué es importante que nosotros renovemos nuestras mentes juntos como parejas casadas? ¿De qué maneras están ustedes renovando sus mentes juntos? ¿Qué métodos de renovación de la mente podría añadir?

3. ¿En qué áreas de su matrimonio o su vida ha visto crecer a la libertad como resultado de servir por medio del amor?

4. ¿Cómo pueden los sueños que tenemos de nuestro futuro alimentar el plan que hacemos para nuestro dinero juntos?

5. Centrar su matrimonio en Cristo requiere morir a sí mismo. ¿Dónde ha visto a la cultura representar un matrimonio feliz —propagandas, comedias, películas, libros? ¿Cómo es esto diferente o parecido a un matrimonio centrado en Cristo?

## Fomentando la estimulación seductora de las finanzas

- Escriba el pasaje del amor de 1 Corintios 13 en una ficha, reemplazando la palabra *amor* con el nombre suyo. Ore por la Escritura personalizada en forma singular, pidiéndole a Dios que le ayude a demostrar el amor de él a su cónyuge empezando hoy día. Ahora, intercambie fichas con su cónyuge y ore por su vida.

- Tenga su propia cita nocturna de los sueños. Planifique una noche para hablar de sus sueños como pareja. Use las preguntas que detalló Brian en este capítulo (pp. 202-203) para amoldar su manera de pensar. Crea un material visual para ponerlo en la refrigeradora o un cartel para colgar en la pared. Dibuje figuras del futuro que usted ha visualizado, imprima gráficas de la Internet, o simplemente escriba a mano sus sueños compartidos. Ponga el material visual en un lugar que ustedes pasan con regularidad, para que recuerden lo que más importa.

- Esta semana, busque oportunidades para poner a su cónyuge primero. Haga un diario de las maneras en que usted ve crecer la libertad como resultado de esos actos de amor.

- Tome un descanso de veinte minutos con su cónyuge. Compartan las formas en que está agradecido porque él o ella lo haya puesto a usted primero.

CAPÍTULO 10

# Empiece otra vez

## De viejas maneras de pensar
## a nuevos inicios

---

*Puesto que es la naturaleza del amor
crear, un matrimonio en sí es algo que
tiene que ser creado, para que juntos nos
convirtamos en una nueva criatura.*

MADELEINE L'ENGLE

Nuestra historia del origen empezó con lo que Brian llamó las mejores direcciones jamás recibidas. Pero parte de nuestra historia del origen implicó ignorar las direcciones totalmente. Meses de nuestra relación, en el fin de semana del cumpleaños de Cherie en octubre, ella regresó a casa de la universidad para pasar un tiempo lleno de diversión con un joven con quien se casaría al año siguiente. Planificamos viajes para explorar un campo de calabazas e ir de caminata al Bosque Nacional. El cambio de colores de las hojas en Indiana ilumina el cielo otoñal, y nosotros queríamos disfrutar de esta belleza juntos.

Nuestro fin de semana juntos comenzó con decepciones. Llegamos al promocionado campo de calabazas y descubrimos que estaba cerrado. Como jóvenes idealistas, no teníamos un plan de respaldo. En vez de una noche creativa y divertida creando recuerdos juntos, jugamos a «No sé, ¿qué quieres hacer?» como pareja.

Al día siguiente, decididos a recuperarnos de sueños de calabazas aplastadas la noche anterior, reunimos bocaditos para nuestro primer viaje corto juntos. Entusiasmados y optimistas hablamos de lo que hacíamos en la escuela, nuestras pasiones, nuestras esperanzas y nuestras aspiraciones. Nuestra conversación nunca menguó. Después de más o menos dos horas en la carretera, mientras escogíamos un nuevo CD (un disco redondo, brilloso y circular que en tiempos antiguos almacenaba música), uno de nosotros notó las luces intermitentes rojas y azules de un patrullero estatal en el espejo retrovisor. Así es, una de nuestras primeras citas involucró a un patrullero como lamentable llanta extra. Al parecer, con el entusiasmo de la compañía mutua, miramos más a nosotros mismos que al velocímetro.

Tal vez fue misericordia por nuestra estupidez o aprecio por nuestro amor joven, pero el oficial se rehusó a darnos una multa. Mientras el oficial nos enviaba por nuestro lado, nosotros le agradecimos y le preguntamos: «¿Qué tan cerca estamos del Bosque Nacional Hoosier?». El hosco oficial de pronto sonrió y respondió: «No están cerca».

*Espere un momento, nosotros hemos estado en la carretera por un largo tiempo, ¿cómo es que no estamos en la periferia de la gloria de otoño? Seguro que el oficial que se gana la vida viajando por estas carreteras debe estar equivocado.* Nosotros fuimos a la siguiente ciudad, un lugar pintoresco llamado Orleans, con una población de dos mil habitantes, para preguntar cómo llegar (algo que usted hacía antes de los teléfonos inteligentes y el GPS). Puesto que todos los demás negocios estaban cerrados, nos lanzamos a una tienda pequeña de cachivaches para evitar la tormenta eléctrica que ahora era inminente. La dueña nos saludó, sonrió (quizás era un familiar del oficial), y explicó que estábamos a más de 100 kilómetros del destino que queríamos. Bajo ninguna circunstancia Orleans estaba camino al Bosque Nacional Hoosier a menos que por supuesto usted viviera en Orleans, Indiana. Estábamos perdidos.

Resumamos: campo de calabazas cerrado, detenidos por un oficial de la policía, desviados de nuestro rumbo, lluvia torrencial. Esta relación pudo haber terminado con el largo (probablemente silencioso) viaje de regreso a casa. Pero no fue así. No estábamos perturbados. Nos agarramos de la mano y corrimos por la calle hacia una glorieta en la plaza de la ciudad. Nos abrazamos y bailamos. Sin música, bailamos. Nuestra relación no terminó en Orleans; empezó allí.

Cuando nos perdimos en las finanzas, nos abrazamos. Cuando sentimos las tormentas de la vida, nos abrazamos. Al comienzo de nuestra relación descubrimos que no importa dónde está yendo; lo que importa es con quién.

Ahora mismo, si usted se siente perdido cuando se trata de su dinero y su matrimonio, lo que más importa es con quién está usted —su cónyuge. La vida no siempre se desenvuelve de la manera en que lo hemos planificado. Las curvas y los baches a lo largo del camino podrían magullarnos, pero hay oportunidad para el romance aun en medio del tumulto, y las finanzas inteligentes pueden surgir de los errores también. No deje que los sentimientos de derrota descarrilen sus esfuerzos. Empiece otra vez cambiando sus viejas maneras de pensar a nuevos y esperanzadores inicios.

Su matrimonio no ha terminado; su situación económica no carece de reparación. De hecho, usted tiene todo lo que necesita para despedirse de la historia antigua y empezar a caminar hacia el horizonte de un nuevo inicio.

## Lecciones de hidratación: Brian

Mi sobrino de trece años me acompañó como apoyo en uno de los paseos de Cherie de 250 kilómetros en bicicleta. El día anterior al paseo, recibí una llamada de mi amigo Mike.

—Oye, Brian, mi amigo y yo estamos haciendo este paseo y no tenemos un apoyo. Si nos metemos en problemas, ¿puedo contar contigo?

—Por supuesto.

Mike había estado en mi grupo comunitario durante años, y sabía que él había entrenado mucho para este evento. No iba a impedir mi apoyo a Cherie, así que no lo iba a defraudar.

Mi sobrino y yo vimos a Cherie y su equipo salir y procedimos a encontrarlos en los paraderos asignados. El viaje ocurre cada julio y ese año en particular, hacía un calor infernal. En el paradero del almuerzo, vi a Mike.

—¡Hombre, se te ve muy bien! —le elogié.

El amigo de Mike estaba sentado en el suelo descansando y preguntó:

—¿Cómo me veo?

—Bueno, nunca antes te he visto, pero te ves hecho una porquería. No se te ve nada bien —Todos se rieron. Hasta la fecha, no creo que ellos pensaron que yo hablaba en serio.

Después de una parada de reabastecimiento con el grupo de Cherie alrededor de los 180 kilómetros de distancia, mi sobrino y yo nos dirigimos a la pista y yo recibí una llamada de Mike.

—Mi amigo no va a poder continuar, pero yo creo que me queda lo suficiente para terminar. Te vimos pasarnos. ¿Puedes recogerlo?

—Por supuesto.

Redoblamos y proseguimos a recoger a todo un extraño. Se veía peor que antes. Mucho peor. Ya estaba tramando cómo explicar tener un cadáver en el asiento de atrás del carro. Lo que siguió después fue un intercambio que nunca olvidaré.

Primero, fui a levantar su bicicleta y ponerla en el soporte para parquear bicicletas. No la podía levantar. Una bicicleta es ligera —se puede levantar sobre su cabeza con una mano ligera. Así que usé dos manos. No. Cual sea el plomo del cual fue hecha requirió que pusiera mis rodillas de cuclillas como para las Olimpiadas. También noté que sus pedales no tenían armazones o ganchos. Los armazones o ganchos permiten que los viajeros usen ambos lados de sus piernas —los cuádriceps para empujar el pedal hacia abajo y los ligamentos de la corva para levantar a través de la mitad de atrás del pedaleo. El amigo de Mike estaba usando el doble de la energía necesaria para impulsar una bicicleta pesada como un tanque 180 kilómetros en el calor abrasador de julio. Al indagar más, resulta que él era un maratonista que no podía entender por qué estaba extenuado. Él había comprado la primera bicicleta que vio en la tienda.

Aquí es donde se puso interesante la conversación:

**Yo:** «Tengo Gatorade, agua y bananas. Probablemente te has deshidratado».

**El amigo de Mike:** «No creo. No, gracias. Estoy bien».

**Yo:** «Muy bien. Pero creo que estás deshidratado».

**El amigo de Mike:** «No creo... Realmente empecé a acalambrarme ahí».

**Yo:** «Estás deshidratado».

**El amigo de Mike:** «No creo... Fue algo extraño anteriormente. Traté de orinar y no pude».

**Yo:** «Estás deshidratado».

**El amigo de Mike:** «No creo... Manejar bicicleta le quita a uno el aire. No me pongo así de mareado cuando corro una maratón».

**Yo:** «Estás deshidratado».

**Sobrino de trece años:** [se cubre el rostro con las manos, sacude la cabeza]

Llegamos al estacionamiento el cual estaba a un trote corto de la línea de llegada y salimos del carro. Más o menos. El amigo de Mike realmente no salió del carro de la forma en que los seres humanos lo hacen generalmente. Él más se cayó del carro que se salió del carro —de espalda con sus piernas dobladas en posición fetal.

Exasperado, separé mis pies a cada lado de su cuerpo tieso, me acerqué a su rostro y le hablé lenta pero fuertemente: «¡Estás deshidratado!». Le metimos una banana y un Gatorade a su rostro y lo dejamos ahí para que mordisquee su banana como un bebé chimpancé. Nosotros queríamos ver a Cherie terminar.

El amigo de Mike era un gran tipo y un buen atleta. La verdad es que ninguno de nosotros sabe cuándo estamos deshidratados. Ese puede ser uno de los síntomas. Nosotros podemos fácilmente deshidratarnos en nuestro dinero y nuestros matrimonios. Manténgase bien hidratado tomando pasos por adelantado. Veamos algunos de los errores del amigo de Mike y cómo usted puede evitarlos.

**Usted está cargando demasiado peso.** Su bicicleta estaba demasiado pesada. Tal vez usted trae el estrés del trabajo a casa y se manifiesta en su relación. Tal vez las garras de las deudas lo están apretando y manteniéndolo en el suelo. Quizás ha sufrido el aplastante trauma de haber perdido un hijo, aguantado un incendio, o recibido un diagnóstico terrible. Aligere su peso echando sus cargas sobre los hombros de su Salvador. Extiéndase hacia su comunidad para recibir ayuda en cargar el peso.

**Usted no ha invertido en el equipo apropiado.** Él no tenía armazones o ganchos. Lea un libro sobre el matrimonio. Vayan a un seminario juntos o a un retiro diseñado específicamente hacia la mejoría de su matrimonio, su comunicación o su dinero. Haga una evaluación de su carrera y determine qué herramientas necesita para obtener una vocación menos agobiante. Invierta en *software* u otros recursos económicos para que le ayuden a manejar su dinero.

**Usted no ha entrenado porque confiaba en sus otras habilidades.** Él era un maratonista, no un ciclista. ¿Y si usted maneja un exitoso negocio de jardinería o es una enfermera de la Sala de Emergencia? Las destrezas son transferibles, pero no son iguales. Cuando hace que su matrimonio tenga prioridad, usted hace todo lo posible para entrenarse para esa relación. Aprenda lo que necesite saber acerca de su cónyuge y pase el tiempo necesario para cuidar de la persona a quien le ha prometido su vida.

**Usted no está escuchando la sabiduría que lo rodea.** Él no estaba escuchando mi evaluación de su condición física. Los troles en Internet dirán cosas ofensivas. Pero cuando usted ha pedido retroalimentación de una fuente de confianza y se le dice: «Te ves hecho una porquería y tal vez estés deshidratado» —escuche. Actúe. Reciba consejos de un mentor. Busque consejos y recomendaciones sabias. No tenga miedo de ir a recibir consejería matrimonial o financiera.

**Usted está deshidratado.** ¡El estaba deshidratado! Beba de la única fuente que saciará su sed: Jesús. El asunto con la hidratación es que usted tiene que hacerlo diariamente. Ponga a su cónyuge en una posición que evita la deshidratación también, pero *jamás* diga: «Te ves hecho una porquería».

## La calma en el caos: Cherie

Mi maestra más asombrosa fue la primera. Mi mamá pasó más de dos décadas de su vida inspirando estudiantes en el aula y animando a colegas a que vayan en pos de la excelencia en la educación. Ella también pasó más de cuarenta años como madre guiando a pupilos a veces menos que ansiosos de aprender. Su capacidad de desglosar problemas complejos en partes pequeñas y manejables fue útil cuando me sentía abrumada por una asignación o ecuación de álgebra. Sus datos al azar y juegos de palabras cursis hicieron que mi adolescencia desarrollara una capacidad de poner mis ojos en blanco a nivel de campeón mundial. ¡Buenas noticias! He heredado sus destrezas y ahora mis hijas se benefician de músculos oculares flexibles también.

¿Quiere saber dónde los dones de enseñanza de mi mamá cobraban más vida? En el aula de la escuela bíblica vacacional. La pequeña iglesia rural donde crecí se jactaba de un avivado grupo de escuela bíblica una semana al año cada verano. Era un lugar mágico donde galletas Hydrox sobre servilletas blancas nos saludaban en el área de bocaditos porque el presupuesto no alcanzaba para comprar Oreos de verdad. Y en el santuario, la pianista, Joyce, aporreaba «Alelu-, alelu-, alelu-, aleluya» para niños que se retorcían en un extremo de las bancas, seguido inmediatamente de la parte homóloga igualmente alimentada de azúcar ubicada al lado opuesto del pasillo, cantando «¡Alábele al Señor!». Las manualidades no estaban hechas de madejas de lana y papel. Oh, no. Nosotros teníamos que usar martillos y clavos de verdad, mi querido amigo. Era una semana de pura aventura riesgosa para la joven Cherie.

Para los muchos aspectos positivos de la escuela bíblica vacacional, su experiencia dependía del personal voluntario cuando se trataba del verdadero tiempo en el aula. Usted podía terminar en una clase aburrida donde un octogenario que no le gustaba los niños enseñaba la Biblia. Pero si tenía mucha suerte, usted terminaba en la clase de mi mamá. Cuando se trataba de la escuela bíblica vacacional, mi mamá hacía uso de todos los recursos posibles para que cobrase vida la Escritura.

Ahí estaba el año en que construyó un enorme racimo de uvas con un palo y globos morados para ilustrar la misión de espías de Josué y Caleb en Canaán en Números 13. Cuando aprendimos acerca del maná y las codornices que cayeron del cielo en Éxodo 16, ella cocinó faisanes (casi parecido) y horneó un pan dulce para que comiéramos. Pero el año en que enseñó acerca de Jesús y sus discípulos fue el mejor año de todos.

En el centro del aula, mi mamá pidió a un hombre de la iglesia que pusiera su querido bote de pesca. Estaba muy lejos de ser una auténtica nave galilea, dado que nosotros vivíamos en la región central de EE. UU. Pero cuando mamá contaba las historias de los Evangelios, todos los niños se arrimaban en las sillas de madera, escuchando absortos. Casi podíamos oler el agua, sentir el mar rociando nuestros rostros. Nos imaginábamos a Jesús (en vez de una mujer con faldas de la moda de los años 80) compartiendo verdades profundas y enseñando lecciones de la vida. No fue hace mucho tiempo ni tan lejos. Jesús estaba ahí mismo con nosotros en el bote.

La experiencia nunca se escapó de mi memoria, aunque todas las historias excepto una sí. Estoy segura de que habló de convertirse en pescadores de gente, Pedro jalando una red que casi se reventaba con peces del lago, y caminar sobre el agua. Pero la única lección específica que puedo recordar fue la historia de Jesús calmando la tempestad.

Permítame refrescarle la memoria si ha pasado un buen tiempo desde que fue a la escuela bíblica vacacional también. Se halla en los libros de Mateo, Marcos y Lucas, nuestra historia empieza con Jesús y sus discípulos yendo a un crucero de noche. Marcos 4.35-41 probablemente es mi relato favorito porque tiene abundantes detalles. A Marcos y a mí nos encanta la oportunidad de explicar exageradamente. Soy bíblica de esa manera. Aquí está el relato original de los eventos:

Ese día al anochecer, les dijo a sus discípulos:

—Crucemos al otro lado.

Dejaron a la multitud y se fueron con él en la barca donde estaba. También lo acompañaban otras barcas. Se desató entonces una fuerte tormenta, y las olas azotaban la barca, tanto que ya comenzaba a inundarse. Jesús, mientras tanto, estaba en la popa, durmiendo sobre un cabezal, así que los discípulos lo despertaron.

—¡Maestro! —gritaron—, ¿no te importa que nos ahoguemos?

Él se levantó, reprendió al viento y ordenó al mar:

—¡Silencio! ¡Cálmate!

El viento se calmó y todo quedó completamente tranquilo.

—¿Por qué tienen tanto miedo? —dijo a sus discípulos—. ¿Todavía no tienen fe?

Ellos estaban espantados y se decían unos a otros:

—¿Quién es este, que hasta el viento y el mar le obedecen?

(A) Empecemos notando que Jesús y los discípulos dejaron a la multitud. Tal vez se sintieron sobreestimulados. Quizás se dieron cuenta de su necesidad de hidratarse. O tal vez sabían que la multitud no estaba viajando en la misma dirección que ellos. Cualquiera sea la razón, había movimiento de un lugar a otro.

(B) No estaban viajando solos. Había otras barcas allí con ellos. Los discípulos de Jesús —la gente que está tratando de aprender lo que significa parecerse a él— serían inteligentes si viajaran en grupo, o comunidad.

(C) Jesús comparte la habilidad de dormir en medio de una aterradora tempestad con todos los demás miembros de mi familia. Si empieza a rociar, estoy bien despierta. Todos los demás en esta casa podrían dormir directamente bajo una tormenta de granizo de cuarenta y cinco minutos de proporciones apocalípticas y jamás pestañear. Además, Marcos es el único autor que señala el hecho que Jesús estaba dormido en un cabezal. Me parece jocoso. «Y ahí estaba él, solo cortando leña, se dejó caer sobre un KLOTULLÖRT de la tienda IKEA mientras el resto de nosotros estábamos a-lo-ca-dos llenos de pánico».

(D) «¡Maestro!, ¿no te importa que nos ahoguemos?». La primera declaración de los discípulos no fue informativa: «Mmm, Jesús, solo pensábamos que quizás quisieras saber que está lloviendo». O incluso una súplica con pánico para recibir ayuda: «¡Socorro, por favor!». Fue un cuestionamiento del interés de Dios. Mmmm... una buena observación para reflexionar.

(E) Jesús se encarga del asunto antes de obrar en los corazones de sus seguidores. Él hace lo que se necesita hacer (calma la tempestad) antes de preguntar por qué sus discípulos estaban con miedo o indicar su falta de fe.

(F) Por último, pero no de menor importancia, en vez de decir gracias, los discípulos hablan entre sí aterrorizados. Es fácil juzgar su conducta y pensar que nosotros nos comportaríamos diferente, pero yo pienso que esta es una reacción humana común. Somos lentos para mostrar gratitud, y rápidos para volver a temer.

¿Y qué tiene esto que ver con su dinero y su matrimonio?

(A) Usted tal vez necesite dejar una multitud. Jesús y sus seguidores se movían en una dirección diferente a la de la sociedad. Ellos no estaban haciendo lo que todos los demás estaban haciendo. Si usted quiere calma en sus finanzas y paz en su matrimonio, muévase en la dirección de Jesús, no de la multitud.

(B) Dejar la multitud no significa convertirse en un Llanero Solitario. Su dinero y su matrimonio prosperan en una comunidad que piensa de la misma manera. Asista a la iglesia, únase a una célula, busque mentores del dinero, inscríbase en un estudio bíblico o un curso como Financial Peace University (Universidad de la Paz Financiera) para desarrollar la red de contactos que necesita.

(C) El descanso es santo. Tome un descanso con su cónyuge. Apague su celular. Escápense por el fin de semana. Rejuvenezca.

(D) En caso de que se esté preguntando, Dios se interesa por usted. Se interesa por su dinero. Se interesa por su matrimonio. Se interesa por sus finanzas. Dios se interesa por su futuro.

(E) Calmar las tempestades de su dinero y su matrimonio implica confianza. A veces los cambios del corazón no llegan hasta después que usted empieza a poner un pie fiel delante del otro. Deje que Dios transforme su mente mientras usted está haciendo la obra. No espere que la transformación del corazón empiece la obra (o usted nunca va a llegar a ningún lado).

(F) Elija la gratitud en vez del temor. Dígale gracias a Dios a menudo por su rescate, por su provisión, por regalarle a su cónyuge. Dígale gracias a menudo a su cónyuge —por su sacrificio, por su bondad, por su amor. En cualquier momento que sienta que se está metiendo el temor, apáguelo con gratitud.

Porque la verdad es que, llueva o haga sol, ustedes están en esto juntos. Y eso es algo hermoso.

## Que usted pueda ser hallado

Queridos amigos, gracias por hacer este viaje con nosotros. Rogamos que sus corazones hayan recibido aliento y se hayan levantado sus espíritus. Aunque tal vez nunca nos encontremos cara a cara, nosotros los amamos. Reconocemos que no tenemos todas las respuestas cuando se trata de dinero y matrimonio y que nunca hacemos todo completamente bien. Desarrollar la estimulación seductora de las finanzas es un proceso. Para una intimidad más profunda y finanzas prósperas, todos tenemos que estar abiertos al cambio y moverse hacia la mejoría.

Por esa razón, anhelamos que ustedes continúen creciendo, cambiando, abriéndose y comunicándose para hallar fortaleza, paz y esperanza en medio de su amor.

El amor es la fuerza más poderosa en el universo. Juntos y mediante el amor, usted y su cónyuge tendrán éxito con su dinero y, más importante, en su matrimonio. Su afecto y confianza mutua alcanzarán nuevas alturas conforme crecen juntos en amor. Con sabiduría incomparable, el rey Salomón articula mejor la magnitud del poder del amor. En Cantar de los Cantares, él escribe estas palabras persuasivas y hermosas:

> Grábame como un sello sobre tu corazón;
> llévame como una marca sobre tu brazo.
> Fuerte es el amor, como la muerte,
> y tenaz la pasión, como el sepulcro.
> Como llama divina
> es el fuego ardiente del amor.

Ni las muchas aguas pueden apagarlo,
    ni los ríos pueden extinguirlo.
Si alguien ofreciera todas sus riquezas
    a cambio del amor,
        solo conseguiría el desprecio.

CANTAR DE LOS CANTARES 8.6, 7

El amor que usted y su cónyuge comparten, más poderoso que las fuerzas de la naturaleza, no se puede comprar o vender. Se mantiene firme delante del temor —temor al fracaso, temor al futuro, temor a su situación económica— y se ríe. El amor que Dios ha ordenado entre ustedes dos no puede ser detenido, saciado, o barrido. El amor de su matrimonio perdura.

*Que su mutuo amor sea insaciable, imparable e invencible.*

*Que su pasión arda resplandecientemente, con gran felicidad e intensamente.*

*Que vivan sus votos cada día, siempre cumpliendo sus promesas.*

*Que siempre se tomen de la mano en la lluvia, se den un beso de las buenas noches y bailen lentamente en la cocina.*

*Que sueñen y vayan en pos de grandes sueños juntos.*

*Que sus billeteras, corazones y piernas se entrelacen con armonía.*

*Que siempre busquen el perdón.*

*Que siempre perdonen.*

*Que su matrimonio refleje el amor sacrificado de Dios por nosotros.*

*Que las barreras económicas entre ustedes se derrumben.*

*Y que ustedes siempre vayan en pos del sabio manejo de las finanzas y el romance picante.*

# Reconocimientos

Tenemos una profunda deuda de gratitud —el único tipo de deuda que asumiremos— con una cantidad de gente que influyó, animó, oró y proveyó sabiduría para esta obra.

Agradecemos especialmente a Angela Scheff y el equipo de The Christopher Ferebee Agency. Gracias por mantenernos en regla, Angela. Su aliento y apoyo fueron indispensables en cada fase de este proyecto. Usted se mantuvo con nosotros, nunca nos defraudó y siempre excedió nuestras expectativas. Estamos agradecidos eternamente.

Abrazos, felicitaciones y todas las revisiones en GIF para Stephanie Smith, editora extraordinaria. Su esfuerzo incansable y singular perspicacia extrajeron nuestras mejores historias y ayudaron a formar una obra mucho más cohesiva y reflexiva. Eres una estrella de *rock*.

Para el equipo Write Brilliant que parece más una familia, especialmente Margaret Feinberg, Jonathan Merritt, Jessica Riche y Leif Oines. No solo creyeron en nosotros cuando no estábamos seguros de nosotros mismos, también nos dieron las herramientas que necesitábamos para terminar la obra. Estamos por las nubes en agradecimiento a ustedes de más maneras que las que se pueden contar.

Más allá de pacientes y humildes cuando nos sentábamos durante horas escribiendo y editando, nuestras hijas son un gran regalo. Anna y Zoe, ustedes son nuestras obras de arte favoritas. Gracias por hacerse cargo mientras estábamos ocupados y hacer que este libro sea posible.

Estamos bendecidos con padres que «cubren la brecha» —Gary y Patty Walters, y Ron y Sally Lowe— que prestaron ayuda durante este proyecto. Gracias por todo lo que han hecho para darnos aliento y apoyo como escritores, pareja y familia.

Para el mejor equipo de pastores —Scot, Danny, Ryan, Michael, Brodie y Devin— una vez más ustedes se lanzaron cuidadosamente con sabiduría y oración para proteger cada paso del trayecto. Ustedes nos hacen querer cargar el van negro y rojo y lanzarnos a otra aventura.

Por más de una década LoweLife Community Group ha dado consuelo, aliento, risas, gozo, aprendizaje, amor, apoyo físico y emocional, y un lugar delicado donde hacer descansar nuestras almas. Ustedes son nuestra gente, a los que podemos llamar a medianoche sin que se hagan preguntas. Gracias por persistir y perseverar con nosotros. Amén a Dios. Amén a la gente. Háganse presentes.

Muchas gracias a los mayores Bob y Collette Webster y la maravillosa gente de Hidden Falls Salvation Army Camp por darnos descanso y un lugar para escribir muchas de las palabras en este libro.

De parte de Cherie: Gracias, Jackie, por ser la clase de amiga que aparece tres veces a la semana para poder hacer ejercicios aeróbicos y saltar encima de cajas (¡incluso en tu cumpleaños!). Tú has celebrado las alegrías y me empujaste en medio de las tristezas de escribir este libro. Por los textos, la ropa de Mujer Maravilla, las horas que pasamos caminando y haciendo ejercicios, me deshago de gratitud.

De parte de Cherie: Julie King, tú haces que mi mundo sea un mejor lugar. Por tu sabiduría, oraciones, aliento, estar dispuesta a llevar cajas pesadas, sacudir violentamente la mano desde la parte de atrás de la sala para que termine lo que esté haciendo, destrezas para manejar un camión y muchas cosas más, te aprecio más de lo que te imaginas.

Estamos agradecidos a las parejas casadas que han aconsejado abundantemente en nuestras vidas durante los últimos diecinueve años —demasiados para hacer una lista aquí. Los amamos, y sus palabras y ejemplos han cambiado nuestras vidas.

Agradecemos profundamente al equipo Zondervan: Brandon Henderson, Robin Barnett, Kim Tanner y muchos otros que trabajan detrás del telón para hacer que cobre vida la mejor versión de *Su dinero, su matrimonio* y ponerla en la mayor cantidad de manos posible. Gracias desde el fondo de nuestros corazones.

# Notas

## Capítulo 2

1. Taryn Hillin, «New Survey Sheds Light on What Married Couples Fight About Most», 3 junio, 2014. *The Huffington Post*, 3 junio, 2014, http://www.huffingtonpost.com/2014/06/03/marriage-finances_n_5441012.html.

2. Catherine Rampell, «Money Fights Predict Divorce Rates», *The New York Times*, 7 diciembre, 2009. https://economix.blogs,nytimes.com/2009/12/07/money-fights-predict-divorce-rates/.

3. Jeffrey Dew, Sonya Britt y Sandra Huston, «Examining the Relationship Between Financial Issues and Divorce», Family Relations, 61, n.º 4 (octubre 2012): pp. 615-28, http://onlinelibrary.wiley.com/doi/10.1111/j.1741-3729.2012.00715.x/abstract.

## Capítulo 3

1. «TD Bank Love and Money 2015 Overview», *TD Bank News*, junio 2015. https://mediaroom.tdbank.com/couplesoverview.

2. Paul Golden, «Financial Infidelity Poses Challenge for Couples», *National Endowment for Financial Education*,

14 febrero 2014, http://www.nefe.org/Press-Room/News/Financial-Infidelity-Poses-Challenge-for-Couples.

3.  Seth Stephens-Davidowitz, «Searching for Sex», *The New York Times,* 24 enero, 2015. http://www.nytimes.com/2015/01/25/opinion/sunday/seth-stephens-davidowitz-searching-for-sex.html.

4.  Heather Kelly, «The bizarre, lucrative world of "unboxing" videos», *CNN*, 13 febrero, 2014, http://www.cnn.com/2014/02/13/tech/web/youtube-unboxing-videos/index.html.

5.  Jeff Thompson, «Is Nonverbal Communication a Numbers Game?», *Psychology Today*, 30 septiembre 2011, https://www.psychologytoday.com/blog/beyond-words/201109/is-nonverbal-communication-numbers-game.

6.  Truman Capote, *A sangre fría:* (Editorial Anagrama, 2006), p. 59.

7.  Lindsay Konsko, «Credit Cards Make You Spend More: Studies», NerdWallet, 1 junio 2016, https://www.nerdwallet.com/blog/credit-cards/credit-cards-make-you-spend-more/.

8.  https://www.goodreads.com/quotes/264270-as-i-grow-older-i-pay-less-attention-to-what.

## Capítulo 4

1.  Greg Smalley. "Focus on the Family: Do You and Your Spouse Handle Conflict Well?" *Focus on the Family*, 11 febrero 2016, https://www.facebook.com/focusonthefamily/photos/a.380277663519.157071.51405613519/10153503409723520/?type=3&theater.

2.  Rorke Denver, «Calm Is Contagious». Leadercast. 14 enero 2018. https://www.leadercast.com/programs/calm-is-contagious. En sus palabras inspiradoras, Denver también

declara «Panic is contagious; chaos is contagious, stupid, 100% contagious». Grandiosas palabras para líderes y parejas casadas.

## Capítulo 5

1. Chip Heath y Dan Heath, *Switch: How to Change Things When Change Is Hard* (Nueva York: Broadway Books, 2010), p. 93.

2. John Ortberg, «Ruthlessly Eliminate Hurry», *CT Pastors*, julio 2002, http://www.christianitytoday.com/pastors/2002/july-online-only/cln20704.html.

3. Andy Stanley, «Brand New: What Love Requires», *North Point*, 22 febrero, 2015. http://northpoint.org/messages/brand-new/what-love-requires/.

4. Lindsay Holmes, «7 Reasons Why We Should Be Giving More Hugs», *The Huffington Post*, 27 marzo, 2014, https://www.huffingtonpost.com/2014/03/27/health-benefits-of-huggin_n_5008616.html.

5. Rebecca Kessler, «Hugs Follow a 3-Second Rule», *Science*, 28 julio, 2011, http://www.sciencemag.org/news/2011/01/hugs-follow-3-second-rule.

## Capítulo 6

1. Si usted o alquien que quiere está en una relación de abuso, visite www.thehotline.org o, como a veces un abusador monitorea el uso de la computadora, llame a la línea nacional contra la violencia doméstica al 1-800-799-7233 (TTY 1-800-787-3224). También puede buscar consejerías basadas en la fe, de *Focus on the Family* al 1-800-A-FAMILY.

2. Alain de Botton, «Why You Will Marry the Wrong Person», *The New York Times.*, 28 mayo, 2016, https://www.nytimes.

com/2016/05/29/opinion/sunday/why-you-will-marry-the-wrong-person.html.

3. Descubrimos primero esta idea de Richard Rohr, «Living in Deep Time», entrevista por Krista Tippett, *On Being*, *podcast* audio, 13 abril, 2017, https://onbeing.org/programs/richard-rohr-living-in-deep-time-apr2017/. Para una pequeña homilía de ocho minutos, escuche a Richard Rohr, «God Is All Vulnerable More Than All Mighty», 5 junio, 2016, *Center for Action and Contemplation*, https://cac.org/god-vulnerable-mighty/.

## Capítulo 7

1. Para una exploración fascinante de más de un estudio sobre escritura física contra mantener registros digitales, leer a Michael Grothaus, «This Is How the Way You Read Impacts Your Memory and Productivity», 11 octubre, 2017. *Fast Company*, https://www.fastcompany.com/40476984/this-is-how-the-way-you-read-impacts-your-memory-and-productivity.

2. En el capítulo 4 de *Slaying the Debt Dragon*, «Budgets Are Your Battle-Ax», Cherie da datos específicos para dar, ahorrar y gastar. En la página 221 de las notas finales, también encontrará una exploración sobre cuánto debería dar si está pagando su deuda. *Slaying the Debt Dragon: How One Family Conquered Their Money Monster and Found an Inspired Happily Ever After* (Carol Stream, IL: Tyndale Momentum, 2014), pp. 57–78, 221.

3. Kimberly Lankford, «Make a Date to Talk About Money This Valentine's Day», Kiplinger's Personal Finance, febrero 2005, p. 90.

4. Una lectura fantástica y completa sobre matrimonio y dinero puede encontrarse en: Kerri Anne Renzulli, «The Newlyweds

Guide to Financial Success», *Money*, 1 junio, 2017, http://time.com/money/4776640/money-tips-married-couples/.

5. Cherie Lowe, *Slaying the Debt Dragon: How One Family Conquered Their Money Monster and Found an Inspired Happily Ever After* (Carol Stream, IL: Tyndale Momentum, 2014), pp. 57–78.

6. Este artículo da una explicación exhaustiva de cómo trabaja el sistema del sobre: Rachel Cruze, «The Envelope System Explained», *Dave Ramsey*, https://www.daveramsey.com/blog/envelope-system-explained.

7. Lindsay Konsko, «Credit Cards Make You Spend More: Studies», *NerdWallet*, 8 julio, 2014, https://www.nerdwallet.com/blog/credit-cards/credit-cards-make-you-spend-more/.

8. Nelson D. Schwartz, «Credit Cards Encourage Extra Spending as the Cash Habit Fades Away», *New York Times*, 25 marzo 2016, https://www.nytimes.com/2016/03/27/your-money/credit-cards-encourages-extra-spending-as-the-cash-habit-fades-away.html.

9. «Partitioning», Behavioraleconomics.com, https://www.behavioraleconomics.com/mini-encyclopedia-of-be/partitioning/.

10. Para más estrategias prácticas acerca del sobre, ver: Cherie Lowe, *Slaying the Debt Dragon: How One Family Conquered Their Money Monster and Found an Inspired Happily Ever After* (Carol Stream, IL: Tyndale Momentum, 2014), pp. 73–75.

11. Nancy Fitzgerald, «Why your clutter is costing you a bundle», *MarketWatch*, 11 abril, 2017, http://www.marketwatch.com/story/why-your-clutter-is-costing-you-a-bundle-2017-04-06.

12. Nancy Fitzgerald, «Why your clutter is costing you a bundle», *MarketWatch*, 11 abril, 2017, http://www.marketwatch.com/story/why-your-clutter-is-costing-you-a-bundle-2017-04-06.

13. Stan Berenstain y Jan Berenstain, *The Berenstain Bears Think of Those in Need* (Nueva York: Random House, 1999).

14. Bernadette D. Proctor, Jessica L. Semega y Melissa A. Kollar, «Income and Poverty in the United States: 2015», *United States Census Bureau*, 13 septiembre, 2016, https://www.census.gov/library/publications/2016/demo/p60-256.html.

15. 36 Joshua Fields Millburn y Ryan Nicodemus, «Getting Rid of Just-in-Case Items: 20 Dollars, 20 Minutes», *The Minimalists*, https://www.theminimalists.com/jic/.

**Capítulo 8**

1. Eric Barker, «This Is the Best Way to Overcome Fear of Missing Out», *Time*, 7 junio, 2016, http://time.com/4358140/overcome-fomo/.

2. Brené Brown, «Brené Brown on Instagram: "#fomokillsmojo"», Instagram. 15 octubre 2015.

3. Damon Beres, "Heavy Facebook Use Makes Some People Jealous and Depressed: Study," *Huffington Post*, 4 febrero 2015, http://www.huffingtonpost.com/2015/02/04/facebook-envy_n_6606824.html.

4. Lisa Eadicicco, «Americans Check Their Phones 8 Billion Times a Day», *Time*, 15 diciembre, 2015, http://time.com/4147614/smartphone-usage-us-2015/.

5. Evan Asano, «How Much Time Do People Spend on Social Media?», 4 enero, 2017. Social Media Today, http://www.socialmediatoday.com/marketing/how-much-time-do-people-spend-social-media-infographic.

6. Thoas Chalmers, *The Expulsive Power of a New Affection,* (Nueva York: T.Y. Crowell, 1901).

7. Susan Weinschenk, «Why We're All Addicted to Texts, Twitter and Google», *Psychology Today*, 11 septiembre, 2012,

https://www.psychologytoday.com/blog/brain-wise/201209/why-were-all-addicted-texts-twitter-and-google.

8. «New Studies Compare Smartphones to Cocaine Addiction», *Elements Behavioral Health*, 17 julio, 2017, https://www.elementsbehavioralhealth.com/addiction/new-studies-compare-smartphones-cocaine-addiction/.

9. «Oxytocin», *Psychology Today*, https://www.psychologytoday.com/basics/oxytocin.

10. C. S. Lewis. *Las crónicas de Narnia 3: El caballo y el muchacho*. (Nueva Your: Rayo, 2005). p. 156.

## Capítulo 9

1. Donald Miller, *Scary Close: Dropping the Act and Finding True Intimacy* (Nashville, TN: Nelson Books, 2015), p. 225.